U0119061

走出鸦片战争阴影

文化自信对话录

刘斯奋 林岗 著

SPM 南方传媒 | 花城出版社

中国·广州

图书在版编目（ＣＩＰ）数据

走出鸦片战争阴影：文化自信对话录 / 刘斯奋，林
岗著. — 广州 : 花城出版社，2023.4（2023.7重印）
ISBN 978-7-5360-9965-4

Ⅰ. ①走… Ⅱ. ①刘… ②林… Ⅲ. ①中华文化－文
集 Ⅳ. ①K203-53

中国国家版本馆CIP数据核字(2023)第048200号

出 版 人：张　懿
责任编辑：杜小烨　许阳莎
责任校对：梁秋华
技术编辑：凌春梅
装帧设计：介　桑

书　　名	走出鸦片战争阴影：文化自信对话录
	ZOUCHU YAPIAN ZHANZHENG YINYING WENHUA ZIXIN DUIHUALU
出版发行	花城出版社
	（广州市环市东路水荫路 11 号）
经　　销	全国新华书店
印　　刷	广州市岭美文化科技有限公司
	（广州市荔湾区花地大道南海南工商贸易区 A 幢）
开　　本	880 毫米 × 1230 毫米　32 开
印　　张	8　4 插页
字　　数	132，000 字
版　　次	2023 年 4 月第 1 版　2023 年 7 月第 2 次印刷
定　　价	88.00 元

如发现印装质量问题，请直接与印刷厂联系调换。
购书热线：020-37604658　37602954
花城出版社网站：http://www.fcph.com.cn

"走出鸦片战争的阴影"话题经过刘斯奋、林岗十个月的对谈和整理，2022年5月29日起由《羊城晚报》和羊城派连载推送，备受学术界关注。

（何非 摄）

文化个性，不可复制的唯一。

目 录

一、走出阴影

刘斯奋：鸦片战争开启了中国人救亡图存的意识，自视极高的"天朝上国"，面对西方列强入侵竟然一败涂地，这是三千年未有之大变局。于是不断寻求应变之道，开始认为技不如人，便开始搞洋务运动。结果甲午之战败给了东邻的"蕞尔小国"日本，更是一个深痛巨创，引发精英阶层的分裂和转向。于是有了戊戌变法，从政体方面找原因，想学西方虚君和议会政治的一套，然而遭到顽固势力的阻击，又迅速失败。再转向更激进的辛亥革命，一举推翻清朝政府，结束了几千年的帝制。然而，即使如此，亡国灭种的危机仍旧未能改观，于是就有了五四运动。五四运动的导火线是抗议不平等条约，后来却发展成对中国文化传统的猛烈批判。我们可以很清楚地看到，整个"救亡图存"的线索是从向经济、军事寻找根源，到向政治制度寻找根源。最后，五四运动终于将文化落后视为国力衰弱的根源，将之前的失败追溯到文化上，甚至否定自身的民族文化传统。这种情形，在全世界其他国家都没有出现过。应当说，这与中国人崇尚实用理性有很大关系。不过，从本质的层面来看，当时这样做，是在精神文化的层面向宗法制度发起冲击。考虑到在当时的中国，宗法制度已经成为生产力发展的严重束缚，不彻底打破便无法向工业文明转进。因此这种狂飙突进式的批判自有其历史的必然性和必要性。

林　岗： 从鸦片战争到五四运动近80年，中国国势走在下坡路上。虽有短时振奋，略见曙光，如洋务运动、戊戌维新，如辛亥一役，但终于不能振衰起敝。国人精神萎靡，直至五四前夕，跌至谷底。士大夫阶层把持权力的时候，他们轻视了列强挑战引起内政外交危机的严重程度，虽然意识到这是三千年未有之大变局，但究竟是什么性质的大变局却未有加以深究，知变局之大而不知其所以为大。头痛医头，脚痛医脚，一再错失时机，直至平稳改革的时机窗口关闭。士大夫阶层统治中国的手法老到，但他们不是有远大眼光的统治阶级。近代中国的国难日深，同士大夫阶层脱离不了干系。

刘斯奋：不过，由于传统文化以及作为其根基的宗法制度，凭借几千年的积累，根基极其深厚，故而用温和的改良的手段根本无法将其撼动。因此鲁迅一派人放出狠话，说要把"屋子""窗户"拆了，决意采取偏激的、极端的方式、手段来杀出一条血路。

林　岗：当年放出狠话的不只有鲁迅，当然鲁迅的话已经非常狠了。陈独秀、胡适、"只手打倒孔家店"的吴虞以及傅斯年都对中国历史文化放过狠话。将这些"狠话"归结为文化激进主义虽然有点儿简单化，但有助于我们看清阴影的形成。远在新思潮之前，文化激进的姿态就已经初现端倪。谭嗣同《仁学》有"冲决罗网"的说法，他眼里的罗网，既包括"君主"，也包括"伦常"。谭嗣同的"冲决罗网"，揭开了新思潮文化激进主义的序幕。

刘斯奋：所以那批激进人士便对所有中国传统的东西都反对。文化也好，历史也好，中医也好，甚至中国的文字，他们全部都否定。不过既然这么极端，就无可避免会产生非理性的结果，会将"脏水"连同"孩子"一起全部倒出去，将优良的东西也全部否定掉了。当时甚至出现更加极端的主张，就是主张全盘西化。胡适主张全盘西化，当年我们中山大学的校长陈序经同样力持这种主张。

林　岗： 全盘西化在实践上当然没有可能，揪住自己的头发当然飞不上天。日本现代文化的"总设计师"福泽谕吉在明治时期提倡"脱亚入欧"。一个多世纪之后，日本并未成为欧洲国家，只变成了美欧的"小跟班"。后起现代化国家屡屡出现全盘西化的论调，而且也总有一部分市场，并非因为这是一个后起现代化国家的解决方案，而是后起现代化国家产生的思想和观念的病症，正好暴露出自信心不足的文化阴影。

刘斯奋： 全盘西化并未成功。事实上也不可能成功。倒是在这场决定中华民族命运的伟大斗争中，中国共产党诞生了。作为鸦片战争以来中华民族救亡图存思潮的产物，中国共产党选择了马克思主义作为指导思想，从物质决定精神、生产力决定生产关系、经济基础决定上层建筑的角度来认识揭示中国问题的症结。以经济地位的阶级划分，取代血缘地位的宗法划分，带领中国人民进行艰苦卓绝的斗争，通过精神层面的反封建运动和物质层面的土地改革，终于彻底打破几千年的宗法传统，为生产力的突破性发展扫清了道路。然后通过拨乱反正和改革开放，开启了建设有中国特色社会主义的伟大征程，并以前无古人的辉煌成就向全世界宣示：中华民族实现全面复兴已经势不可挡。历史发展到这一步，四个自信的提出，就成为在新时代树立强大精神支柱的必然要求。其中，文化自信构建是摆在我们面前的课题之一。文化自信包括传统文化、革命文化和社会主义先进文化三个方面。而对于传统文化的认识，鉴于近代以来曾经出现很大的落差和曲折，时至今日，尤其有必要认真进行审视与梳理，总结正反两方面的经验与教训。好的、坏的，正反两方面都要反思。既不能再一概否定，又不是全盘复古，而是站在今天新的历史起点上，对中华民族几千年的文化传统形成比较准确的判断和把握，重新认识它。我觉得，我们这场对话的核心应该是：如果说1840年鸦片战争以来面对亡国灭种的危机，中华文化曾经被蒙上浓重阴影，那么现在就到了要坚决走出这片阴影的时候。

林　岗：我觉得您讲得十分好，我很赞成"走出鸦片战争阴影"这个提法。其实不单是鸦片战争，中国的传统文化从鸦片战争开始走向衰落，不单是文化，而且政治、军事、国势各方面都在逐渐衰退。这个衰退产生了一个牢固的思维定式，产生了看待中西的思维惯性。那就是以先进与落后衡量彼此，一切来自西方的都叫作先进，一切与自己国家的文化传统有关的事物、古代的思想观念，都叫作落后。这种关于先进与落后的思维定式，在现代史上曾产生过巨大的正向作用。但是到了今天，社会的发展已经进入了一个新的阶段，要摆脱这种从鸦片战争以来形成的思维定式，更新看问题的观察点及观察方法，十分必要。从鸦片战争到今天，已经超过一个半世纪，差不多有两个世纪的时间。如今我们所处的这个时间节点，有个极大的好处，就是可以用后设的眼光看问题。站在后设的历史角度反思鸦片战争以来的历史进程，就不是单向度的历史，它呈现出一种历史的整体性。这个整体性就是国运国势从衰退到复兴的呈曲线状的历程。可以设想，如果我们的国运国势处于衰退状态，比如说，处于清末辛亥革命之前，或者五四运动前，那我们看民族的前景多半是悲从中来。如果你有爱国心，那肯定会悲观、黯淡。虽然你也奋身救国，但更主要是执着于"壕堑战"的奋斗，眼前的曙光是看不到的，难有对日后复兴前景的清晰认知。当你看不到复兴的前景，它就会影响你看民族历史文化的眼光。我相信我们的老校长陈序经是爱国的，但他对自己的国家和文化失去了信心，这是他倡导全盘西化的根本原因。我们和他当年的处境有根本不同，今天中国作为一个现代国家已经走向复兴，而且这个复兴的势头在世界经济史上是绝无仅有的。无论是工业革命之后的英国，还是西进运动完成之后的美国，抑或明治维新之后的日本，在经济、科技上的进步都同我们改革开放40年所取得的进步不在同一个层次上。所以我们站在这一点上去看自己民族的历史与文化，就可能产生完整性的认知。有完整性认知和没有完整性认知是不同的。有了完整性认知，我们就可以避免苛责前人的错误，对历史有基于同情的了解。假如洋务运动时期没有李鸿章支持，由传教士和口岸文人一起翻译西方典籍，尤其是科技方面的书籍，那一定没有康有为那代人的觉醒，康梁也形成不了变法的思想。谭嗣同《仁学》里多提及声光化电，他有个概念叫"以太"。"以太"在现代物理学上是不被承认的，但在他那个时代其实是一种科学思想，是对物理现象的科学解释。可见每一代人达至的进步与前一代人的努力是相关联的，历史不会一蹴而就。中国在鸦片战争之后的每一点进步，每一点改进，都与上一代人的奋斗有关。但中国这个大国的问题在于，一代人的奋斗不足以使这个国家一步达至富强与文化复兴，这个过程就必然会有一些不同的阶段。以前我们无法将这些不同阶段串联起来理解，叫鸦片战争的阴影也好，叫文化激进主义也好，无论叫什么，其实它们本质上就是历史阶段发生断裂的文化症候。由于今天中国的发展进步，我们才可以将这些不同阶段的努力连成完整的历史进程来看待。历史进程完整性认知要求我们转变对古代文化传统的态度。五四新思潮运动与文化传统的"逆接"，在当时有必要性，但在今天还原封不动继承保留下来则很有缺失。现在要回过头来重新总结，对传统文化应当顺向接受，重新审视其中优秀的东西、好的东西。对中国悠久的历史文化传统培育正向的自信心十分必要。其实对于传统的继承，每一代人有每一代人的阐述方式。五四的那种方式，即使适合于当时，也不适合于现在。因为社会的变迁已经过了那个阶段，那个历史阶段的任务已经完结了。今天应当重新开始，用顺承接受的态度去对待古代传统，重新阐述其中有价值的地方。即使这件事情不是那么容易做成，需要几代人努力才能完成，也要从现在着手，为未来打下坚实的基础。

刘斯奋：那么，现在不妨回头去看看有哪些地方应当反思。我首先想到的是：中国自古就是礼仪之邦，十分注重礼教，但被五四文化运动的健将们大加挞伐之后，礼教也就七零八落了。到如今，很多年轻人都不知礼教为何物。举个例子，在古代写信，长辈与晚辈交往，往往称晚辈为"兄"，其实按古代的礼仪，长辈称你为"兄"，犹如称你为"青年朋友"，有居长之意。结果现在的年轻人，看见长辈的来信对他以"兄"相称，就马上得意扬扬，认为长辈与他称兄道弟，是平辈身份了！弄得我现在给年轻人写信赠书，都不敢称对方为"兄"，免得对方受宠若惊。再举一个例子，我不止一次碰到比我晚一辈的年轻人，要我为他过生日写贺词。碰到这种情形我就会回绝他：你这是不懂礼仪。再补充一个例子。我父亲当年在世时，有时也跟年轻人交往，也写信交流，大概也称过对方为"兄"。于是那些年轻人就公然以为自己跟我爸是朋友，向我津津乐道。我对他说：你说同我爸是朋友，那等于说你是我的父执。你比我还年轻，你怎么变成我的长辈了？你要明白自己交往的身份，不过是"叨陪末座，追随老辈"而已！还有一个例子。不久前，有一位老师与学生一起做"对话"，某家报纸也许认为那个学生名声更响，竟然将学生的名字放在老师名字的前面来报道。你看连文化人都不懂基本的"礼"，还搞什么文化？所以我觉得现在礼教的失范确实比较厉害。就连最基本的东西都抛弃了。又如古人是绝交也不出恶言，不会乱骂。但现在的人却习惯对骂，即使是学术的争论亦如此，显得毫无风度。因此我觉得如何恢复礼教是一个值得重视的课题。现在好像有些学校重新提倡礼教，但并未真正形成风气，所以效果还不大。

林　岗： 您谈到的这点，可以归结为一点，就是新文化运动之后的社交实用化、简便化。但确实走得过头了，步子太大，扯着了自己。刚才您说的那些我也经历过，比如我有时送书给学生，称其为"兄"，他会来抗议，说感到不好意思，怎么这样称呼。所以我现在就名字后面什么都不写了。

刘斯奋： 你可以称其为某某君。

林　岗：建议甚好。之所以会出现这种尴尬的情形，原因恐怕是近代以来很长一段时间国家处于乱世，"礼"的规范也日益式微。现在说能否回复到从前，就比较难以揣测，只能逐步来。我觉得有礼貌是好的。在国外，尤其在北美那边，他们对礼貌的要求与我们完全不同，就连老师在讲台上课，学生都居然将腿架到桌子上，将脚板底对着老师。但外国教师视为平常，没有意见。

刘斯奋：在中国恐怕还不敢这样做。不过其他场合就难说。

林　岗：是的。我的办公室在教学楼上，坐电梯的时候经常遇到学生。你会看到十个学生里面有一个学生会比较讲礼貌，他看到我们这些头白白的，就算没上过课，也会说声"老师好"，会让年纪大的先走出电梯。但剩下九个就不讲究这些，更极端的是，有些与老师一起等电梯的学生会抢先走进电梯。见得多了，我提醒自己一定要安之若素，不然会被气死。从你指出的这个角度来看，中国的确需要新的移风易俗。移走这种缺乏教养和礼貌的风气，要让好的传统首先体现在日常生活当中，使之成为公民日常生活中的无意识。人际交往，友善很重要。缺乏礼仪，交往就缺乏友善气氛。缺乏友善氛围，戾气就必然滋长。

刘斯奋：好的，礼仪是一种。此外其他方面被遮蔽的还有不少，比如中医。"五四"知识分子将中医批判得体无完肤，彻底否定了中医。这种观念影响极其深广。据说新中国成立初期，某位卫生部的负责人竟然主张废除中医，被毛泽东主席狠狠批评了一通，才把这种势头遏止住了。这也是鸦片战争阴影的典型例子。确实，直到目前，中医无法用西医那一套方法来解释。最明显的，经络、穴位，用西方的解剖学就找不到，因为它们是看不到的。还有中医的阴阳寒热、望闻问切也无法用机械测量来取代，它其实要靠医者的直觉感悟。如同艺术创作一样，其中天赋起着决定性的作用。至于天赋如何得来，是目前的"科学"还无法解决的问题。中医和西医其实是两种不同文化系统的产物。但人类社会发展的历史证明，两者各有长短，也都各有功效，不应偏废。这次抗击新冠疫情就是证明。从更久远的角度来考察：如果中医真的不行，那它怎么能够支撑中国几千年不中断的文明？为什么在西医传入以前很久，中国就成为世界上人口最多的国家？

林　岗：新文化运动那些人对中国传统文化的认知确实有一种朴素的排斥。《新青年》同人中被公认的，在政治上有左、中、右三种态度。比如陈独秀比较偏左，比较中间的是鲁迅和刘半农、钱玄同。鲁迅守住了一条，他知道自己是做文学的人，在文学上激进是另外一回事，对政治他甚少涉及。胡适、周作人就比较右。但三派里面有两样东西他们是一致的。第一，质疑中医，不信中医，批判中医。第二，不喜欢古典戏曲，批判挖苦古典戏曲。这种共性很耐人寻味，它建立在质疑承载古代文化传统的文化形式生命力的基础上，因其"落后"而排斥。

刘斯奋：比如不看梅兰芳。

林　岗：鲁迅骂梅兰芳就很著名。梅兰芳其实没有得罪鲁迅，但鲁迅对梅兰芳有意见，尤其讨厌他在京剧中男扮女装的角色。鲁迅不喜欢这些，存在朴素的排斥。这种排斥放在100多年后的今天看，是没道理的。他们认为既然推行新文化，传统就要让位。由于这样的思维定式，他们形成了非此即彼的极端趣味和偏好。

刘斯奋： 我觉得这些问题都是成系列的。戏曲是这样，绘画也是如此。这一点留待后面再细谈。现在谈一个更极端的，曾经有思潮要否定中国的文字，认为中国文字也是落后的。直到20世纪90年代，计算机出现，这些人又说中文打字的速度无法与英文相比，将会成为现代化的严重障碍，必须彻底拉丁化，才能跟上时代步伐。谁知，中国文化真的博大精深，很快人们就研究出五笔字型输入法，后来更出现拼音、笔画、手写输入等方法，都比英文输入更快。这才推翻了那种谬论。

林　岗： 您谈到的汉字问题，我认为在新文化观念中，最激进的部分当数文字拉丁化的倡议。汉字拉丁化，恐怕与基督教传教士的福音活动有关。耶稣会士在明末入华，他们走上层路线，没有这个念头。19世纪初，基督教传教士进入中国，他们改行"草根"路线，传福音，吸引下层民众，随之而产生改造书面语和文字的风气。以拉丁字母替代汉字的做法传教士也尝试过，但因中国方言众多，读音不统一，这种尝试没有成功。但传教士用拉丁化替代方案改造所在国的语言文字，在有的国家就行得通，比如越南的喃文、喃字便废除了，国家的语言文化和历史也因此被割裂成连不起来的两段。

刘斯奋：说白了，就是用拼音字母写语言，重造文字。

林　岗："五四"先驱的想法当然是出于救国救民的目的，认为如果中国不实行拉丁化，那将永远跟不上世界的潮流。当时钱玄同、刘半农、鲁迅、周作人等都有这种想法。他们认为拉丁化即使目前行不通，也一定是中文将来的出路。汉字拉丁化在新文化运动时期只是倡议，真正付诸实践要到国际共产主义思潮产生大影响的时候。大革命失败后，吴玉章到了莫斯科中山大学，接受了拉丁化方案。30年代开始他在海参崴工人列宁主义学校从事教育，编写拼音简报、教工人识字。红军长征到了延安，国共合作，形势一变。吴玉章回到延安，有了更大的试验天地。他继续了汉语拉丁化的未竟之业，出报纸、简报、教本等，教老百姓用拉丁字母来拼写汉语，从而更迅速识字。从我读到的史料看，这件事他跟毛泽东商量过，毛泽东心里不赞成。可是毛泽东很讲实际，他知道这条路走不通，但吴玉章是"延安五老"之一，是辛亥革命的前辈，不好反对。因此，毛泽东给了他试验的条件。他试了一段时间，确实行不通。为什么呢？因为革命队伍的人都是来自五湖四海，带着各自的方音、方言来到延安，面对面交流尚且要靠比画和文字，看着那些拼音文字，读都读不出来，哪能产生理解？这说明，在语音不统一的条件下，文字写音的拉丁化是无法行得通的。假如文字根据陕北口音来拼写，河南人看不懂，东北人看不懂，广东人更加看不懂，反过来也一样。这件事后来就做不下去了，实践证明拉丁化方案的文字改造是错误的。

刘斯奋：方言救了汉字。不然我们真的连汉字也没有了。后来为了普及文化，国家大力推广使用普通话。这对于提供全国统一的交流工具，无疑具有重大的历史意义。不过普通话虽然统一了发音，但实际上仍旧无法将汉字拉丁化。因为中国语言的最大特点，就是音同而义异的字太多。即使普通话统一了发音，这个基本特点仍旧无法改变。如果将汉字改成拉丁字母，作为口头交流也许基本能够听得明白，但古代典籍和诗词歌赋就变得如同念咒，不知所云。文章遣词造句的精准考究也无从感受，更别说用来制定合同、契约，甚至国际条约，音同而义异必定引发无数争执。

林　岗：所以汉字拉丁化行不通，退一步就是汉字简化。汉字简化这件事情，第一批比较成功，第二批、第三批就没那么好。我读大学的时候，大约是70年代末，最后一批简化汉字公布没多久就废除了。

刘斯奋：是邓小平下令废除的。听说当时中小学课本已经印好了，是邓小平决定"刹车"，全部重印，不搞了。因为汉字已经简化得很离谱了，道理的"道"，变成"刀"，似乎暗示有刀就有道理。

林　岗：是不是走之底上面一把刀？

刘斯奋：是啊，全部跟随发音，"菜"字就是草字头下面一个"才"。真是太过分。幸亏邓小平当机立断，没有推行。不然一旦推行起来，真的很麻烦。

林　岗：语言文字有时候是积非成是。用的人多了，就改不回来，悔之晚矣，看来这个"刹车"极其英明。

刘斯奋：这也是极"左"思潮的体现。那些推行极简汉字的人也是中了"左"的毒，认为越简越好。他们不知道文字之所以不断从由少变多、由简向繁发展，是与社会生活日益繁复的表达需要相一致的。他们那样搞，不仅是对中国的文化传统缺乏敬畏之心，而且不明白真正的出路应该是大力普及教育，努力提高民众的文化水平，而不是一味对教育落后的状况迎合迁就。

林　岗：在中国现代文化史上，语言文字改造的现代化潮流，是盲目相信和崇拜拉丁化的西文是更先进文字的结果。提倡者将先进和落后的思维定式生硬套在了西语西文和汉语汉字身上，催生了汉字拉丁化运动。从汉字拉丁化和世界语普及运动起，到第三批简化汉字废除止，这个潮流彻底结束。这里面的教训值得好好总结。

刘斯奋：现在还允许繁体字出现了，原来写招牌不能用繁体字，题字不能用繁体，现在就没那么严格了。

林　岗：是，现在是繁简兼用。我提过建议，中文系要视不同的专业，对汉字或用繁或用简。对学古代文学、古代汉语专业的，写论文提倡用繁体字。这样可以省去很多麻烦。

刘斯奋：有些文字简化合并之后，在运用时往往造成混乱。例如："里"和"裏"合并为"里"之后，繁体"千里"就经常被写成"千裏"。"發""髮"合并成"发"之后，繁体"發展"被写成"髮展"，"後""后"合并之后，繁体"皇后"被写成"皇後"，如此等等。所以虽然现在我们不再使用繁体字，但在学校教育中，还是要让学生懂得繁体字。

林　岗：书简识繁，同时没有必要过于强调"清一色"。这样比较好。

刘斯奋：否则怎么读古籍？他们从小就不认得繁体字。

林　岗：可以写简体，但要认得繁体字。否则历史就慢慢断裂了，就像越南从殖民时代结束起，除了极少数学者，无人能读史书。民族的历史从20世纪开始，不能不说这是悲哀的。

刘斯奋：所以我们所说的阴影，对语言文字也同样造成遮蔽。我粗略列举了这些，其实都归结到一个问题，就是近代以来不少中国人当中，曾经形成一种唯西方马首是瞻的心理。时至今日，这种心理还不能说已经彻底扭转了，至少在一部分中国人中，遇到一定的时机气候，就还会冒出头来。

林　岗：说到唯西方马首是瞻，我觉得这牵涉到另一个更大的问题，那就是为什么后起的现代化国家，在文化转折期都会发生这种现象。就像当年日本维新变法的时候，有脱亚入欧论，提倡全盘否定东亚国家的文化。脱亚论是福泽谕吉影响深远的议论，也是所有全盘西化论的祖本。福泽谕吉的理想是使日本变成一个欧洲-北美式的国家，无论政治、经济、文化都如此。这种对自己历史文化不自信的现象，追根溯源，与现代化的潮流最初由西欧国家带动起来有关。那些后起现代化国家要想有出路，就要跟着前面的榜样走，甚至不惜亦步亦趋，以为非此不足以使国家强盛、人民富足。冯友兰谈到中西差别时有一种讲法，他认为中西之别是历史阶段的差别。言外之意，西在前，中在后。假以时日，中国亦会变得与西方一样。中与西是处于同一社会发展横轴之上的不同发展阶段而已。

刘斯奋：那就是时代。

林　岗：不是，是阶段。历史进程被认为是线性的。同一条路，人家走在前面，而你在后面，你就得跟着走。用我们现在的话说，现代化只有一条单行线。如果这是真的，那唯西方马首是瞻不得不说是有道理的。但事实证明，现代化不是一条单行线。不同文明、不同社会的现代化自然有其不同之处。这不同之处因其文明和社会的底色，即历史文化传统不同而有不同。这是普遍性与特殊性结合到一块儿的问题。普遍性是什么？比如市场经济、科学技术，都是具有普遍意义的，不可能说分为中国的科学与西方的科学。科学只有一种，是地球上的科学、世界的科学，这些是一致的，这就是普遍性。但也有一些是特殊的，尤其是文化。不同的特殊性嫁接在共同的普遍性基础上。简言之，把现代化看成国家发展程度的衡量刻度，那当然存在共同的标准。可是构成这个共同标准的经济、政治、社会和文化内涵也必然刻上不同文明和国家的烙印。中国文明有中国文明现代化的道路，欧洲基督教文明有基督教文明的现代化道路。不同的历史发展阶段并不能全部涵盖这里面的意义。欧美国家在生产力、科技、市场、法律等方面走在前面，国力强大了。清朝不是它们的对手，输了。但输不意味着要唯它们马首是瞻。鸦片战争之后相当长时间内，知识界的很多人都认为现代化是条单行线，由此产生文化心理上的阴影，对中国固有的历史文化失去信心。要是早点儿意识到这个问题，那可能会有不一样的结果。当然现在这样说是马后炮，所以不能苛责前人，意识到问题就好。我要是早生一个世纪，也意识不到现代化问题该分普遍与特殊两面来认识，也会把它看成是单向度的。

刘斯奋：就算你看到也不会有人留意你，没人会觉得你是对的，因为潮流就是这样。

林　岗：是啊。历史的线性思维是非常强大的。在它的压力下，人们难免认为现代化就是如何让中国跟着欧洲的步伐一步步向前走。鸦片战争的阴影就是在这种时代社会的氛围下形成的。说到固有的传统与文化，百无一是；说到欧洲北美，样样领先。对内对外，都没办法用理性的态度去认知。由此造成的阴影，既遮蔽了固有的传统文化，也遮蔽了欧洲北美历史与文化的本来面目。到今天，中国人经历了一个多世纪探索现代化道路的尝试，由衰落到奋斗再到复兴，已经很清楚地看到现代化不是单行线，我们从阴影的迷雾中走出来了。

刘斯奋：这是实践检验的结果，也是中国文化中务实求真的传统在发挥作用。如果秉持这种态度和眼光，那么对西方文化也好，对中国文化也好，都要有一种正确的思想方法去对待，要看到在西方现代化的早期，资产阶级兴起、反对教会与皇权统治的时候，西方文化是生气勃勃的。当时我们向他们学习，吸取它蓬勃向上的精神和活力，无疑很有必要。但同时我们又要看到，由于文化和国情不同，唯西方马首是瞻会带来负面影响和后遗症。特别是西方社会发展到今天，在政治、经济、军事、文化方面的深层矛盾，以及由此引发的各种弊端正越来越凸显。我们就更加不能继续盲目跟进。总而言之，必须运用正确的思想方法分析判断。同样的道理，对中国传统文化，我们要充分认识她的光辉灿烂，坚决走出鸦片战争的阴影，重新加以继承光大，但也不能不分精华糟粕全部包揽起来。特别是要看到在中国宗法社会走向晚期的时候，也有很多不足为训、需要深刻检讨的东西——制度的腐败、政治的黑暗、思想观念的保守顽固、风俗习惯的落后愚昧，等等。我们要一分为二地对待传统文化。只有这样，才能在面对百年未有之大变局时，真正确立我们坚定的文化自信。

二、谈文化

林　岗：我们的对话主题确定为"走出鸦片战争的阴影"，在诸多可以列为"阴影"的因素里，有很多如殖民、"一穷二白"等都被我们的人民革命和建设扫荡掉了，而依然挥之不去的"阴影"，在文化领域仍然存在，有待廓清。当问题转到文化领域或文化角度，就涉及文化是什么、该如何定义的问题。您在文化话题上有很深入的思考和精深的研究，请您谈一下自己的看法。

刘斯奋：也算不上精深的研究，但有过一些思考。文化现在成为越来越热门的话题，但什么叫作文化，有五花八门的说法。据说文化有一百多种定义，我当然是坚持历史唯物主义。所以我认为一切都有物质基础，文化亦有它的物质基础，这个物质基础，如果层层寻绎下去，剥蕉至心，最后就是人类的生存及繁殖。人类只有首先将这个问题解决，才能去考虑其他问题。人类的生存及繁殖问题，一是与大自然做斗争，在大自然的环境中人类如何生存下去，如何获得好的生存环境与繁殖条件。一是与其他物种的生存竞争中如何获得优势，使自己脱颖而出，成为地球的王者。我觉得文化就是适应这种要求萌生发展起来的。譬如说，当人类还未脱离蒙昧状态时，与其他动物的生存方式和水平是一样的，同样是弱肉强食，甚至人吃人的现象也存在。要想在同其他物种的生存竞争中变成强者，首先要明确什么是对人类的生存最有利的，将价值观树立起来，然后按照趋利避害的原则去行动。这个价值首先指的是对人类自身的生存而言，不是对其他物种。因为要是立足于对病菌有价值的角度，那我们就该死掉。要是立足于对老虎有价值的角度，那我们要舍身饲虎。

林　岗： 人类已是地球所有物种的王者，如果这个王者灭绝，那被压抑着的物种一定各自称王了，稀有物种的保护也一劳永逸地解决了。

刘斯奋：因此所谓价值，是以对人类自身的生存有利与否来判断的。这是价值观。另一个是道德观。就是说人类社会中个人自身的思想行为、人与人的交往相处、族群与族群的交往相处，乃至国家与国家的交往相处，要遵循怎样的行为准则，才能最大限度地抑制原始的生物本能，从蒙昧和盲目状态中摆脱出来。这些行为准则包括礼教规范、宗教戒律、法律规章、条约协定，等等。一句话，就是用道德规范取代动物本能。其出发点和归宿，同样是使人类在与其他物种的竞争中建立起绝对优势，成为无可匹敌的强者。

林　岗：人类历史发展演变出来的文化价值观、道德观存在其通约性。儒家认为"己所不欲，勿施于人"；基督教认为"你们愿意人怎样待你们，你们也要怎样待人"。两者语义相近又表述不同，儒家从负面着眼，有更广的包容性。由此我们可以看到各地域各民族的文化信仰存在共通的地方，但又有丰富和多姿多彩的个性。

刘斯奋：所以我认为，文化本质说来就是这两种东西——一个是价值观，一个是道德观。至于其他方方面面，文学、艺术也好，宗教信仰也好，衣食住行也好，风俗习惯也好，尽管洋洋大观、五花八门，但万变不离其宗，都是这两种观念的外延生成物。当然，不同的民族，由于生存环境不同，面对的生存挑战不同，其文化也相应表现出不同的特色，形成不同的个性和传统。中国作为历史悠久的农业文明古国，基于自身的生存环境、生产关系的状况，又形成自身的一套文化传统。总之人类文化既有其共性，又有其各自的个性与特色。这是我对文化基本的看法。你觉得如何？

林　岗：您讲的是文化的核心，确实如此。文化必以价值观和道德观为其核心，任何民族的文化莫不如此。价值观和道德观就好像生物细胞里的细胞核，细胞的生命和活性皆取决于细胞核。细胞核维持不变，文化也就持续；而这个核死亡了，或被替换了，文化就灭亡了，或者迁移了。在人类历史上，经常可以见到文化的灭亡和迁移现象。15世纪、16世纪欧洲殖民者登陆北美之前，印加文化、阿兹特克文化皆生气勃勃，但随着殖民者"船坚炮利"的入侵和携来病菌的传播，曾经充满活力的印加文化、阿兹特克文化终于烟消云散，归于灭亡。至于文化的迁移，我们最熟悉的大概就是佛教东传进入中土，最后形成了汉传佛教这个例子了。

但我想起来，现代思想史上有个关于文化的争论。当初那代人，也就是"五四"那一代人将文化分为物质文化、精神文化，这种区分法有没有合理性呢？

刘斯奋：物质就是物质，物质没有文化。但是从物质衍生出来的外延形态，包括对物质所持的态度，则是一种文化。你说是不是？

林　岗：我提出这个问题，其实是想将关于文化的思考推得更深入些。"五四"时期发生过"东西文化论战"。论战者将文化两分，分为物质文化和精神文化，然后又在这个基础上探讨中西文化的优劣。像梁启超、梁漱溟、张君劢等人认为中国是精神文化优胜，西方则是物质文化优胜。他们是这样看待文化的。现在看来，我觉得这种判断比较有缺陷。

您说"物质没有文化"，对持文化两分法的人犹如棒喝。他们大概直观地看待了人制造工具这件事情了。被制造出来的工具、物品本身不能被称为文化，制造出这些物质形态的工具、物品的一套生产方式、操作方式以及围绕它们的风俗、仪式才是文化，这就是您刚才说的"物质衍生出来的外延形态"的意思。这就解释了近代洋务运动的沉痛教训。买来先进的西洋枪炮和战舰，它们只是"物质"，不是"文化"。不能在此基础上发展出生产它们的生产方式、操作方式，不能使现代工业文化生长发展，就算拿着西洋枪炮、战舰等"物质"，也战胜不了同为此种现代文化武装起来的列强。文化是一套完整的人的创设，里面并非一种叫物质文化，另一种叫精神文化。

刘斯奋：虽然提出这个问题的都是当时的名人，但我们相处这么长时间，你也会发现，对权威的说法，我都会有自己的思考，不会盲目顶礼膜拜。这应该就是历史唯物主义的态度。

林　岗：人不自己思考而为权威、名声所震慑，这是通病。您以前曾经讲过岭南文化的"三不主义"——不拘一格、不定一尊、不守一隅。这就是活生生的不为权威所思考的体现了。您的想法既合乎历史唯物主义，又有岭南文化的根基。我相信，对人类活动和社会历史变迁的观察，历史唯物主义是最有解释力的思想体系。

刘斯奋：我是服膺这个主义的。它能帮助你穿透表象，揭示本质。如果没有这种思想方法，许多事物都讲不清楚。

林　岗：回到现代"中西文化论战"中所谓物质文化、精神文化的区分。今天看来它有非常大的缺陷，就是轻视科技。他们认为中国精神文化的优胜，有儒家、道教、佛教思想之类；认为西方物质文化的优势在于科技，但科技导致了灾难，如第一次世界大战。基于这种认识，他们提倡用中国的精神文化来抵抗西方的物质文化。我觉得这完全是不合理的。当代中国所以能摆脱半殖民地半封建状态，自立于世界民族之林，在强权面前挺起腰杆做人，完全是因为吸收了现代科学技术，建成了完整的工业生产体系，国家力量才可能强大，人民生活才可能改善。不是说天天读圣人书就可以衣暖饭饱。您刚才说的历史唯物主义世界观，也与当代中国一位叫作李泽厚的哲学家相似，他将自己的哲学归结为四个字：吃饭哲学。虽不免粗陋之嫌，但简朴本色，生趣盎然。它强调人首先要生存，要活下来才有办法去想其他，才谈得上发展。物种要能够繁殖绵延才能有将来。物种的生存就是文化的基础。

刘斯奋：这跟我刚才讲的观点一样。

林　岗：实质就是怎样用一种唯物主义的眼光来看人类的文化。不要悬空地认为文化跟人的生存生产可以脱离关系。离开物质生产看文化是行不通的。还有一个问题，如果讨论到具体的文化，我个人觉得，中国文化有很强烈的生物性根基。比如孝是古代中国文化最重要的观念，世界其他文化也有提倡孝的，但从来没有达到"以孝治天下"的程度。孝作为文化观念，它其实就是返本报恩。而本是什么呢？本就是亲代对子代的养育付出，而亲代所以心甘情愿付出养育辛劳，这本是基因使之然。凡脊椎动物哺育子代时期，时间或长或短，都有付出的行为，可见其为生物性。但本需要返，这就不是生物性的，或基本脱离了生物性。"返本"是文化的要求，生物性的付出与文化性的要求接续合成，汇集为孝的观念。换言之，中国古人在生物性根基之上加以提炼升华，创为子代日后返本报恩的根据，使行为的生物性部分和文化创设部分紧密结合，水乳交融。中国文化的韧性和强固性或可于此得到部分解释。

刘斯奋：现世生存。

林　岗：对。人作为一个个体，在出生之前，很多东西就已经存在，它们成为个体生存的前提。比如个人不能先于父母，父母又不能先于他们的父母。每代都是如此，来到世间后即在上一代人创造的基础上长大。所以个体首先是生物性的、血缘性的存在。中国文化，尤其是儒家，很擅长提炼这种生物性存在，提供给人阐发人生的积极意义，去思考人这样的存在方式的意义究竟是什么。归根到底一句话，儒家各种理念始终不离大地，虽可嫌其不够高远，不够超迈，却切合您刚才说的"现世生存"。我不知道是什么原因使得古代先贤如此关切"现世生存"，但"现世生存"促使先贤如此而不如彼地创设文化观念总是没有错的。比如孔夫子将人间最高的伦理原则总括为"仁"。那么，"仁"就成为人际交往需要遵循的最高准则。显然这套儒家伦理是有利于农耕生产力水平的发展的。农耕文明的时代，人们觉得这是好的原则，它强大、稳固而简明易行。人人可以学习而领会，不必如宗教文化里的教义必待牧师、主教之类讲经才断明其究竟真义。还有一个问题。我原本以为，经过现代城市化、工业化洗礼，农耕文明时代的文化可以被冲刷掉了。但其实文化变迁问题没有那么简单。中国人依然对"人伦的世界"具有无比的热情，永久的认同。这是……

刘斯奋：精神家园。

林　岗：这是好答案，也是准确的答案。文化对于个体生存的根本意义就是精神家园，所谓安身立命就是这个意思。环顾世界，有的民族的精神家园风雨飘摇，但中华民族的精神家园根基牢固。中国三千年有文字记录的历史，从来没有发生过精神领域大规模的信仰改宗现象。反过来看看那些信神的民族，信仰的改宗现象并非罕见，从信仰这个神转到那个神，今日拜这个神，明日可以拜另一个神。在欧洲和中东，民族信仰的价值是附着在神之上的。附着于神，用康德的话来说就是超验。超验的东西，你承认它，它就在；你不承认它，它就如同无物。超验的东西可以使人产生强烈的皈依感情，但又可以使人隔日断然否认其存在。

刘斯奋：超验嘛。

林　岗：超验不用证明，也无法证明。准确地说，超验不能"经验"，也不能"实验"，只能"理验"。所谓"理验"就是用逻辑的方法来证明，而逻辑本身也是超验的。所以宗教性的"真理"只能是显现的。你认为它显现于你，它就在；不显现于你，就不在。

刘斯奋：只有一个问题不能问，那就是上帝是怎么来的。

林　岗：那是不能问的。一问，神的大厦就倒塌了。

刘斯奋：（笑）其他都可以问，这个不能问。

林　岗：信神文化是悬系于天上的，而以儒家文化为中心的中华文化是站立在大地上的。

刘斯奋：之所以如此，我觉得，根源在于中国是农耕民族，依附于相对固定的土地、固定的族群生存。春种秋收，洒下多少汗水就有多少收获，所以中国人从很早开始就有唯物观念。这跟游牧民族不一样，后者不断迁徙，聚散无常，随遇而安，更寄望于天上神灵的指示。所以孔子、儒家思想本质上是唯物的。

林　岗：您这个说法跟以前大有不同，儒家思想本质上是唯物的？

刘斯奋：儒家思想的本质是"不语怪力乱神"。

林　岗：将神的议题排除在言语之外，十分明智。

刘斯奋：所谓的宗法制度，是依托血缘关系来建立的。周朝时已经强调血缘、宗法。到了孔子所处时代，他说："吾从周。"他继承周朝的宗法观念来建立他的学说，也就是说，他以血缘关系作为儒家学说的基础。血缘是一种现世实有的事物，绝对不是凭空想象的存在。这决定了儒学是唯物的。当然这种唯物还是比较直观的，远不及后来马克思主义那样精细和严密，但两者的本质是一样的。"五四"以来，儒家遭遇到各种批判，包括有人说理学是客观唯心主义，说心学是主观唯心主义，其实都只是看到表象，没有看到这是儒家后学们为了适应时代的发展变化，也为了同佛、道二教争夺信众而设计的两件外衣。程朱一派的理学把宗法制度说成是不容置疑的"天理"，将其赋予宗教的色彩，就是为了方便对当时绝大部分还是文盲的民众进行灌输。同时又向释道二家取法，设计出一套精致完备的理论作为依据，则是为了满足士大夫们更高层次的文化需求。至于陆九渊、王阳明一派的"心学"，那是分别在宋、明二朝的后期，为了迎合民众（特别是知识阶层）的个性觉醒而创设的。但无论哪种包装，始终以维护和巩固现世社会的血缘秩序这种物质存在为目的。不像那些先验的宗教信仰，将最终归宿寄托于想象虚构的天堂。你说是否可以这样理解？

林　岗：是的。（笑）您这个平反十分重要，我觉得对儒家是时候要平反了。过去说它是唯心主义，您却说它是唯物的，虽然跟马克思唯物主义有不同。我们可以说这是比较朴素的唯物主义世界观。确实是这样。

刘斯奋：是。在中国，早在"五四"前后，许多知识分子为什么容易接受马克思主义？因为他们觉得马克思主义的历史唯物主义与我们的传统认知是相通的。唯物史观的物质决定精神、经济基础决定上层建筑的观点，可以理解为就是中国古语常说的"衣食足知荣辱，仓廪实知礼节"。虽然这两句话出自法家的代表人物管仲，但作为农耕民族的另一派思想，儒家同样主张"富而后教"，认为富民是教化的基础。孟子更明确指出"有恒产者有恒心，无恒产者无恒心"。

林　岗：根本上是相通的。唯物主义认为物质第一性，精神第二性。换成传统的语境，富民第一性，教化第二性；恒产第一性，恒心第二性。这里的相通，一目了然。

刘斯奋：意思是一样的，只是东西方表述的方式不同。

林　岗：马克思用现代语言来表达这种观点，而儒家用古代语言来表达相近的唯物思想。

刘斯奋：这一点，以前不敢说破。而在文化自信回归，中国人几千年积累下来的高超生存智慧重新受到肯定和重视的今天，我觉得可以说破，也应该说破。

林　岗：将儒家视作唯心主义本来就有误解。如今说破了，我们对中国古代文化的理解可以更上一层楼。

刘斯奋：这其实也是马克思主义中国化的一个根本性的文化依据，正因为两者有共同的认知基础，所以马克思主义能够实现中国化。相反，在西方，由于民众中普遍信仰上帝，宗教文化的传统深厚，主张无神论的马克思主义反而难以落地生根。

林　岗：马克思在对资本主义的研究中发现了生产力与生产关系之间的相互关联，这是一种个人对资本社会运行规则和原理的发现。但在其诞生地，应该说能理解马克思这种发现的同道不多，有共鸣的也少。根本原因是西方社会宗教根基深厚，而历史唯物的土壤极为贫瘠。西方基本上是一个宗教世界，很多人一旦信仰一神教，有了宗教的世界观，的确很难接受历史唯物主义。虽然马克思主义产生在欧洲，但作为观察人类社会、理解人类历史变迁的思想方法，反倒在那里扎不下根来，传播也有限，比起社会上四周密布的教堂，要逊色很多。马克思主义反而在中国社会找到了广阔的用武之地。虽然中国人在现代接受马克思主义的原因多样，但中华文化和思想传统的唯物色彩和重视现世的品格肯定提供了让马克思主义生长的肥沃土壤。

刘斯奋： 现世生存的。

林　岗： 是的。回到刚才谈到的中国人为什么会接受马克思主义的问题。其实在"五四"前后，社会上存在很多思潮，不单是马克思主义，马克思主义只是其中之一。比如无政府主义思潮就很强大。吴稚晖曾经是无政府主义者，著名作家巴金也一直相信人道主义的无政府主义。还有工团主义、社团主义等，日本的新村主义也是在那时传到中国，当时很多青年人是按照那种方法去试验社会改造的。但这些思潮在理论上难分伯仲，或者说各有千秋，各有其学理。而一旦落实到社会实践，讲到学以致用，无政府主义、工团主义、新村主义统统都失败了，都是纸上谈兵。它们的失败是参与者承认的失败，不是外界强加的失败。因为最后他们发现这些都是不切实际的。一旦不切实际，就无法存在。思考怎样的社会才是一个好的社会、怎样的人生才是更合理想的人生是一回事儿，但把所思考所期待落实为真实的生活是另一回事儿。一旦将思考付诸实践，他们就发现了其他"主义"的空想性，它们无法落到实处。马克思主义与其他"主义"不同，不以解释世界而以改造世界为其目标。马克思主义的唯物论来到中国简直如虎添翼一般，它启发和推动了一切由生存出发、实事求是地提出路线方针和政策来解决问题的倾向，所以它在中国能行得通。我们反过来看不成功的例子——基督教在中国的命运。基督教在晚明时期便开始传入中国，一开始的耶稣会走上层路线，至鸦片战争前新教传入，走"草根"路线，重视经文翻译，对科学和现代白话文的普及做出了一定贡献。尽管有起有伏，但基督教在中国始终属于小众角色。西方宗教的理念在中国社会传播推行了数百年，始终扎不了根，相反，随着科学思想的普及慢慢消退。其实在中国知识分子接受共产主义、马克思主义之前，它已经慢慢退出思想的舞台。当然它没有消失。但数百年的努力只形成了这样一个"小众市场"，与传教士当初的期望相距甚远。这就说明超验神信仰和宗教式世界观，如果不经过中国化，在这片实用理性传统深厚的土地就无从扎根，甚至将退出舞台。就像印度佛教东渐，从东汉时期传入，历数百年演变至隋唐之际，才产生以天台宗、禅宗为代表的中国佛教，这时佛教在中国才渐服水土。作为对比，基督教在韩国现代社会的演变中就形成了很大势力。同为东亚国家，这个差异很有意思。

刘斯奋：这与在东亚地区历史上中国曾经长期处于文化输出的中心地位有关。而在中国文化传统中，现世性又有着悠久的、深厚的、牢固的根基。

林　岗：中国文化传统其实也不排除出世，但总是入世情结比较重些。信神信佛之类大概都被排在出世之列，所以外来宗教一定存在与本地传统妥协折中的问题，或者可以说这就是与本地实际情形相结合的本土化吧。

刘斯奋：所以佛教在中国也比较入世，同时吸收孝道，承认父母。六祖对此有阐释，一定要注重孝道。如果信佛之后人变得六亲不认，那佛教就很难在中国生存。

林　岗：与传统文化相妥协，否则自外于华夏天地。

刘斯奋：承认父母、孝道，实质是与儒家思想妥协。

林　岗：（笑）是的。

刘斯奋：也是与宗法制度妥协。妥协之后禅宗才能超过其他流派而大行其道。印度佛教徒有的极端到出家之后便六亲不认，这在中国是无法生存的。

林　岗：佛教当初强调僧团生活，而一旦形成僧团，一呼百应，本身就成为政治势力，与王权发生龃龉，甚至冲突。所以佛教在中国，第一要过王权关，跟王权妥协。南朝有沙门拜不拜王者的争论，就源于这个矛盾。后来的结论当然是沙门要拜王者。沙门拜了王者，伏在王权之下，与王权的矛盾就消除了。第二就是您说的要与宗法妥协，过宗法关，要拜父母，承认孝道。所以外来的超验文化及其世界观进入中国后逐步本色化、本地化，与本地文化相结合，它就可以成为……

刘斯奋：落地生根。

林　岗：是的。

刘斯奋：当然，说到禅宗，又涉及中国传统文化的另外两个组成部分：佛教和道教。这是不能忽略回避的。因为它们与儒学一道，共同组成了中华传统文化的整体。与儒家的唯物本质不同，作为宗教的佛道二家却是唯心的。它们的立教依据是若干经过神化或者凭空生造的偶像。它们之所以能发展成为与儒家一起呈三足鼎立之势的文化，很重要的原因之一，是迎合了当时知识水平普遍低下，甚至绝大部分都是文盲的民众需要，以最简单直接的方法给予了他们一个安顿心灵的归宿。尽管如此，经过两三千年的发展，它们也以外延的方式衍化出巨量的文化生成物。它们的一些观念也已经深入人心，成为中华民族精神的一个源头，例如佛家的众生平等、善恶果报，道家的乐生恶死、率性纵情等，都成为儒家精英主义的重要补充。今天来谈对中华民族文化传统的重新认识和继承发扬，这些都是题中应有之义。

林　岗：再借用入世、出世之词来说。入世可以说是用世，而出世可以说是安顿心灵。它们表示着人生的两面，光讲一面人生不完整，必须两面都有安排，才是完整的人生。因为人是灵性生物，灵性的生物，首先当生存，其次有精神追求。正如您所说，儒家本质唯物，故长于用世；佛道唯心，故有安顿心灵的优长。不过，儒家也有安顿心灵的功能，如历代大儒追求的"孔颜乐处"，岂非神明之乐？

刘斯奋：儒家于"立功"这一务实要求之外，还提出"立德"和"立言"，主张这两方面也可以成为人生的重要目标，这就为安顿心灵划出一片超脱现世生存的空间。

林　岗：是的。其实仙道也有用世的法门，历代道士玩弄帝王权贵于股掌之间的例子不在少数。所以儒家用世而佛道安顿心灵，是就它们的基本面说的，并非绝对如此。一般来说，黎民百姓各色人等文化教养不足，要臻至儒家"孔颜乐处"的境界，总是非常困难的。而念念有词、香火氤氲的佛道，正可以大派安顿黎民百姓心灵的用场。

刘斯奋：说到道教，就个性解放而言，其实更早于儒家后来的陆王心学。而其好生恶死、驱使万物的愿望，也属于人类的正当追求。只是由于当时没有相应的科技发展支撑，极端者才走入怪力乱神之途。不过随着工业文明的开启和科技的进步发展，其种种幻想正在逐步得到实现。倒是道教本身，由于固守过时的教义和修行方法，不知变通，因而与飞跃的时代文明脱节，最终只能停留于与佛教等类的宗教范畴。

林　岗：儒家所短，正为佛道所长；佛道所短，又正为儒家所长。所以数千年来而呈三足鼎立、三教不偏废的局面，不是没有缘由的。由此推知，即便今后外来宗教在开放之世传进来，只要它们能做到本土化，与中国本身文化传统妥协折中，只承担安顿个体心灵的角色，即使是唯心的，亦将会被包容进来。洪流般的中国文化有容乃大，这是被过往历史证明过了的。中国文化生生不息，其妙处就在于此。

三、谈艺术

刘斯奋： 什么是艺术？艺术是文化的一个门类。我觉得艺术的本质，仍然是产生于生存与繁殖的需要。你看远古时代岩画里的动物，画牛、画野猪、画狩猎情景，其实是教导族群怎样识别和应对，以便获得充饥的食物。

林　岗： 当看到朴素的史前岩画，您觉得原始先民有没有关于艺术的观念？或者说艺术的观念是否已经形成？

刘斯奋： 岩画是很朴素的。当时的人有没有艺术观念，我们已无从得知。不过最早的这一类行为，肯定与生存与繁殖有密切关系无疑。又如动物界中，雄性往往外形美丽，雌性则无须出众，其实只是因为前者为了吸引后者进行交配繁殖。人类唱山歌、跳舞等艺术，本质上也是为了吸引异性。

林　岗：比如青海甘肃的花儿、陕北信天游和客家山歌便不离"哥哥""妹妹"。

刘斯奋：是的，都是这样的。

林　岗：艺术和美离不了人自身的繁殖需求，离不了对生命本身的美的赞颂。

刘斯奋：比如中国多个民族的传统节日"三月三"，就是在万物萌生、交配的时节，男女青年载歌载舞，之后情投意合的便开始私会。这也是歌舞的原生态作用。人类把自己打扮得漂漂亮亮，与动物利用美丽外形吸引异性都出于同样的目的。

林　岗：（笑）什么是艺术这个问题，确实是很难用一句话来回答的。我觉得，您提到非常重要的一点，就是艺术首先得有一个形式。声音、节奏、曲调、动作、语言等元素按照一定方式组合编排就成为一定的形式；这一定的形式被参与者、观众或读者认同，产生了联系，才能将之称为艺术。凡是脱离了与参与者、观众或读者关系的东西，即使具有上述所讲的形式，到最后也会烟消云散。所以我们看到一个很有意思的文化现象。那就是，有些具有某种形式的作品，它当初并不存在我们现在所说的创作的观念，它没有明确作者，完全是无意识的表达，但因为它获得族群认同，与族群中的其他人相关，而不仅仅与刻画者相关，于是它慢慢被称为艺术。比如您刚才说到的岩画。中国的岩画保存得比较完整的在宁夏贺兰山的山谷里。我去过那个地方。其实看来看去，岩画无非展现了三种东西：第一是对自然的惊奇，比如岩石面上刻画个太阳。当初他们为什么要画太阳我们不得而知，是惊恐还是赞美，要膜拜还是要感恩，我们都不知道，但它表现了人对自然的惊奇。第二是生存活动。这类内容跟制作者及其整个部落所有人的生存活动都密切相关。如射箭，射杀一只鹿，射杀老虎、狮子等动物，岩画较多表达此类生存活动的场景。第三是表现人类的自我繁殖。比如男女交媾，岩画用很朴素的表现方式呈现。这类依照自然本能的性与生殖活动也是人的自我意识形成之后会觉得神奇的东西。

刘斯奋：就是生殖崇拜。

林　岗：是的。

刘斯奋：比如有些古老雕塑也表现性器。

林　岗：是的，岩画在这方面内容很丰富。所以您推测这些岩画最初不是用来欣赏，而是用来举行宗教仪式，或用来教育下一代，比如传授狩猎、生殖等知识，都是有可能的。这是人类的自我教育。我们可以看到它们很实用的功能。欣赏是次要的，实用是主要的。但随着一代又一代生活的变迁，岩画的实用功能已经失效了，反而它留下来的线条、造型，变成我们今天可以欣赏的艺术。那些粗犷的线条，奠定了此后华夏艺术和审美的基本方式。这种现象在世界上很多地方都能看到。比如现在无数人去旅行观光的埃及金字塔。当初金字塔不过是法老的坟墓，建好了就建好了，没人隔三岔五去观光。这说明当初它是个实用的东西。法老死后升天，就在这里接受审判，然后渡过冥河获得重生。金字塔所在地一定是尼罗河西岸，不会在东岸，因为古埃及人认为东岸是日出的地方，代表生；西边是太阳下山的地方，代表死。所以一定要选西岸作为墓地。但它的实用意味在几千年历史变化中已经烟消云散。到了今天，人们欣赏它作为人造物展现出来的宏伟、高大、神奇，金字塔慢慢成了含有审美意味的东西。令我觉得很神奇的是，人造的东西有的会产生意味的演变，它忘记了"初心"。它当初不是拿来欣赏的，可慢慢却变得可以欣赏了，于是就从非艺术的转义成艺术的。就算声音、动作也存在此类现象，比如小鸟婉转的叫声，初始和主要的功能是求偶，可是叫惯、叫熟了，没有其他鸟在场的时候小鸟也自娱自乐。又如孔雀开屏，本为求偶，可没有雌孔雀在场，自个儿它也偶然开屏，炫耀自己的美丽而自娱自乐。

刘斯奋：从本质上来说就是这样。

林 岗：这是慢慢演变的。今天我们认为有些作品的艺术水平达到登峰造极的程度，给予它们很高的评价。但实际上这种评价是依赖广阔的艺术欣赏场域而存在的，欣赏群体的存在是这种评价存在的前提。换言之，存在欣赏群体它们才能获得如此评价和认知。但在历史演变中这个欣赏群体一定会发生变化，尽管大的群体长久稳定。如果我们把眼光放得足够长远，就能觉察当中的变化。因此理解艺术，不能从一个抽象定义出发，要从历史存在的实际情形出发去观察。我现在慢慢觉得需要反思王国维、朱光潜等人的艺术观念。他们认为纯艺术才是最高级的艺术。这是值得大大怀疑的。纯艺术的观念逻辑自洽，看似有理，但无法解释艺术史的实际情形。尽管它也"言之成理"，但实际上无法解释艺术史。提出一种理念是容易的，但理念落实到历史现象，要解释得通，就不那么容易了。

刘斯奋：弗洛伊德将艺术归结到性，其实也是生存繁殖的问题。艺术由此生发，它就一直带有这种先天的影子。比如说雄健、优美等审美观念，从本质上来讲就是一种性的意识。

林　岗：人把自我欲望、欲求、潜意识投射到对象身上，就是青年马克思说的"人的自然化"，在自然对象中寄托潜意识或者本能性的东西，于是自然对象也化身为审美范畴。

刘斯奋：这是人的本性，本质需求。

林　岗：审美的基础是生物性。过去人们以为审美是人独有的，现在看来并非如此。有人道破此点，被认为拉低了人的层级，其实大谬不然。不承认审美的生物基础，终究无法说明人的审美。生物性为判断力这种精神活动提供了广阔基础，人的审美是在这个基础上继续进化演变生成的。达尔文曾以大量鸟类和哺乳类动物的例子来说明性选择机理对于雄性外表漂亮程度的作用和影响。其实直到今天，人类两性外表乃至衣饰的审美虽然采取了更加复杂、隐蔽和曲折的形式，增加了文化性在其中的分量，但实质依然脱离不了性选择机理的作用。

刘斯奋：战斗力最强的那只雄性，就能占有更多的雌性配偶，猴子、狮子等动物都要经过搏斗才能获得配偶，这也说明它的体格最雄健，繁殖能力最强，因此最有繁殖的权利。

林　岗：有个问题我疑惑已久，今天顺便请教一二。对美感形式的过度追求会不会反而使人陷入不利的生存境地？换句话说，审美文化发展更高级，有没有可能更不利于生物生存？康德曾经用"合目的性"来说明美，所谓"合目的性"其实就是合乎生存。但事实似乎提供了反例，某种情形下的艺术发展可能最终妨碍人的生存，美变得不合目的性。这个问题我们现在比较难理解，难下判断。容我用动物例子来解释。我在苏格兰的自然博物馆里看到一个让我很震惊的事例。苏格兰原来有一种鹿，体格硕大，尤其是雄性的角。由于性选择的作用，公鹿的角越变越大。现今找到的标本中，最宽的鹿角可以达到三米。这种鹿原本吃草，进化出此种审美路径原本没有任何问题，但数千年前由于气候变迁，草原长出乔木，乔木妨碍了雄鹿觅草。因为鹿角太宽，树又长得很茂密，它们无法穿过树丛，因此也找不到草吃。雄鹿饿死，雌鹿也无从繁殖，进化的优势转化成进化的劣势，这种鹿就这样灭绝了。从美感形式来看，它的美就成为它毁灭的原因。这个现象让我很震惊。反过来看人类历史其实是不是也存在类似现象？如明代形成的八股文，讲究声调铿锵、对仗工整、起承转合，塾师举子念起来摇头晃脑，除了得到儒家的道理，除了可以升官发财，他们未尝不是迷失在声调铿锵的美里面。孔乙己就是一个迷失在文字美的陷阱里的文学形象。晚清之世，知识大变，八股文里的儒家道理不能应对生存挑战，毫无价值，八股文的美也正好变成妨碍读书士子寻找新人生的深渊。要是有人在甲午之后入塾读书，埋首八股文，那迎来的人生该有多悲催！

刘斯奋：这种情形也如同巨角鹿一样，生存环境变了，原来作为谋生手段的那种"美"就失去用处，甚至成为致命的"毒药"。

林　岗：美虽然是永恒的，但对具体的美、具体的美感形式，我们还是要保持一种新鲜活泼、有利生存的感知，不能一味沉醉于其中。

刘斯奋：的确，美感的生成，毫无疑问源于生存与繁殖的需求。希腊雕塑之所以流行表现裸体，目前都是说源于体育竞赛。但为什么体育竞赛就必须裸体？通观中外艺术史论著，却找不到进一步的解释。我认为追根溯源，应该是因为作为依靠大海讨生活的民族，裸体是其生活劳作的常态。缝制衣服的布料之类，在当时并非轻易可得，如果长期被海水泡浸，还十分容易腐烂，所以干脆不穿。体育竞技以裸体从事，正是这种生活常态的自然延伸，并不是出于异想天开的审美时尚。（裸体劳作的习惯，在中国沿海地区也有，而且沿袭到20世纪60年代末，我在广东台山围海造田时，还亲眼见到渔民出海作业时仍旧是如此。）后来罗马人作为农耕民族，在继承希腊艺术的基础之上，又发展出富有英雄主义色彩的艺术。而随着罗马帝国在欧罗巴大陆的扩张，这股风气便成为后来欧洲各国的艺术源头。表现人体美，也成为西方艺术的重要传统。中国古代的政治文化中心远离海边，由单一农业文明衍生出来的宗法制度很早就确立起完整的礼法规范，强调生活中必须端正衣冠，视公开展示裸体为露丑，加以严禁。这一点也鲜明地体现在中国传统的绘画中。不过也同样是基于宗法观念，在中国，特别是民间，却一直以丰乳肥臀的女性为美，因为这种体形最有利于生儿育女、传宗接代。连《金瓶梅》里形容西门庆那些娇妻美妾，也说一个个都是"五短身材"，这也是这种审美观念的反映。不过，随着社会分工的出现，在不同的阶层中美的标准也开始不断分化。例如上层人士的审美与劳动阶层的审美，取向就明显不同。四体不勤、五谷不分的贵族圈子，特别是在崇尚"文治"的中国古代，就曾经发展出以纤细文弱为美的审美观念。其后甚至出现男子以傅粉为美、女性以缠足为美的畸形审美。另外，世界各地风俗习惯的不同、治乱的变迁、个性的解放、商业资本的运作等，都会影响审美的走向和分流，最终形成目前这样五花八门、光怪陆离的洋洋大观。

林　岗：您对希腊崇尚裸体的解释至少可以成一家之言。裸体之美最早为希腊人所发现，这究竟是什么原因？我读过的美术史不是避而不论，就是语焉不详。您从他们航海民族的风俗习惯入手，确有说服力。在希腊国家博物馆，我看过一幅克里特文明时代（距今4000余年）的壁画，题曰《拳击少年》（*Boxing Child*）。两少年面对面击拳，人物无立体感，一如法老时代的埃及绘画，最醒目之处是两少年均裸体，毫无遮掩。可见希腊表现人体美的美术传统起源甚早，不是突然产生的。这当与一贯的生活方式和习俗密切相关，不是哪一位艺术家异想天开突然发现的。当然美的变迁也依从"渐变主义"。从动物的美感到人类的美感，似不存在截然的界限。因为两者同属形式感，而人的形式感无疑是从动物的形式感进化而来的。

刘斯奋：是的。不过当美感脱离了原始的功能，不再只是为了求偶、生存，而提升为一种精神享受之后，记录美感、表现美感、推广分享美感，就成为人类社会的一种文化需求。而所谓"艺术家"，也因此应运而生。首先，基于"美"的原生本质，艺术家在创作时还是必须像求偶一样，倾注真情乃至激情，并由此衍化出种种被称为"艺术"的表现方式——动作也好，声音也好，图像也好，故事也好，总而言之，要产生一种尽可能强烈的魅力去吸引读者，打动观众。事实上，艺术从来都不是一种单方面的行为，而是艺术家与受众共同完成的一场精神"热恋"。当然，由于不同的艺术家个性不同，他的艺术取向也不一样；而且，也如同求偶时的选择标准因人而异，受众对于艺术品的判断和取舍，也存在各花入各眼、喜爱不一的情形。这种有趣的现象，似乎也暗示着二者的深层联系。

第二点，构成艺术的本质是节奏。节奏，或者说韵律也好，旋律也好，是区分艺术与非艺术的最后底线。如果说艺术的目的是传达创作主体的情感，引起受众的共鸣，那么作品的节奏就是传送情感的媒介。因为节奏的生成，就其原始的生物性而言，源于求偶的冲动。而艺术品的节奏，则是作者、表演者心灵的律动。不同的作者或表演者，不同的情绪变化，会产生轻重徐疾、强弱高低、疏密聚散、干湿浓淡，乃至点线面、黑白灰等的节奏变化。受众通过这种变化，就能感知到作者情绪的律动，从而受到感染，产生共鸣。虽然不同的艺术门类、不同的艺术作品，其构成的因素是多样，甚至是十分复杂的，但抽象到最后，就是节奏。比如说，中国的书法只是一条线条，简单到不能再简单，但是却能成为艺术。为什么？就是因为书写者通过毛笔的运用，赋予了这根线条丰富的节奏变化，使读者从中感受到作者心灵的律动。不仅仅是情绪，还有作者的才情、修养、审美追求，甚至性格、性别的信息，都会透露出来。书法，可以说是艺术最抽象的存在形式。并且就其表现力的丰富强大而言，可以达到很高的层次和境界。这是运用圆锥形毛笔的中国人所独创的，是我们的国粹。由此可以证明：所谓艺术，包括绘画、音乐、舞蹈乃至诗歌、美文，抽象到最后都是节奏。认识这一点很重要，因为它为艺术与非艺术的划分，提供了一条判定的底线。

林　岗： 如是单论节奏，如何分高下？

刘斯奋： 很难绝对区分高下。所谓文无第一，武无第二。加上艺术欣赏是相当个人化的事情，往往各花入各眼，感受不同，喜好不同，很难统一。当然，一定的共识还是存在而且必需的。这有赖于具备相应的艺术天赋的人士共同认定。当然，最后还得经过时世的推移和观念变迁的严格汰存，才能获得恒久的地位。不过无论如何，没有节奏，就不成其为艺术，这个标准却是从一开始就必须坚持的。

林　岗： 我欣赏不了无节奏的音乐。爵士乐没有节奏，我就觉得很难听、刺耳，唯恐避之不及。很奇怪，黑人文化本来节奏感很强，却产生了无节奏的音乐。节奏标准确实能解释许多艺术现象。没有节奏或节奏感很弱的小说不好读，比如西方现代主义、先锋派小说，都可以归入此类。而流传广的小说大都具备传奇性特点。旧诗获得读者的认同远胜过新诗，一个很重要的原因是新诗写了100多年，始终无法在节奏感上追步旧诗，或者说它已经形成的发展路径让新诗不可能在节奏上有什么作为了。新诗只能走自己的路，看看在非节奏的其他审美感知上有什么别的造化。

刘斯奋：艺术的本质从节奏再进一步，就是个性。个性是什么？就是与众不同、不可重复、独一无二的。这才会使受众眼前一亮，引起关注。共性的作品产生不出这样的效果。因为共性太多，千人一面，陈陈相因，就会令人产生审美疲劳，作品也就显得平庸。具体来说，中国艺术中经常批判的"匠气"，就属于此类作品，是按照老师傅一套现成的技术教下来的。事实上，艺术作品的最高的、恒定的价值，就在与众不同的个性。从人类的一部艺术史来看，那些能流传下来的艺术作品都是独一无二、不可重复的。共性的比重越大，作品价值就越低，越迅速被淘汰。个性鲜明的作品，即使暂时不被理解和接受，但随着时间的推移，它的价值最终会显露出来。我觉得这点认识同样重要。

不过现在一说到彰显艺术个性，一些艺术家很容易就想到现代派那条路子上去，觉得最有个性莫过于西方的现代派艺术。其实这是很大的认识误区。不错，所谓现代派，从本质来说，确实就是追求艺术个性的解放。不过这绝不是西方的专利。因为无论在东方还是西方，早期的画家都是匠人。在中国，因为儒家强调宗法礼教，因此魏晋以前的画家只画古圣先贤、忠臣烈女，或者神仙灵异、祥瑞奇珍之类。西方则因为宗教主导着社会生活，在很长时间内也只允许画家画耶稣和圣母，这两种都是手工匠人的活计。别看米开朗琪罗、达·芬奇那批人如今名气很大，其实在当时身份都是平民，都是受雇于教会或宫廷，凭借所掌握的手艺来谋生。中国也不乏很杰出的画工。但只要是手艺人，就脱离不开买家出资的目的和要求。西方艺术之所以很长时间都采取写实的风格，并发展到很高水平。就是因为它当初的主要功能是向信众宣传教义。天主教原本是禁止绘画的，后来发现它能宣传教义，才允许绘画存在。而最能让广大信众易于理解和接受的，莫过于直观明白的写实的风格。中国汉朝在"独尊儒术"的时候，同样要求用绘画宣传儒家理念，所画的也是圣贤功臣的造像和功绩。当时盛行的也是中国式的线条写实画风。这种局面在中国到了魏晋南北朝时期，由于儒术的独尊地位衰落，佛教、道教兴起，才被打破。继怡情养性的山水、花鸟画的兴起之后，到元、明年间，又出现了文人画。文人画的作者是文人、士大夫，这些人有社会地位，不愁衣食，更不用按雇主，哪怕王室的趣味行事。绘画只是兴之所至，展示才情。于是随心所欲，想怎么画就怎么画，结果就出现了一个不按写实成规，充分张扬个性的绘画流派。

林　岗： 画自己了。

刘斯奋： 嗯，画自己了。这样一种艺术取向，后来西方也出现了。不过那要直到19世纪中叶，才以印象派发端，开始成为一种潮流，比中国足足晚了五六百年。因为所谓现代艺术，说穿了，无非就是打破成规，解放个性。这与中国文人画的取向是一样的。如果从"写实"转向"写意"这一点来划分"古典"与"现代"的话，中国的文人画无疑是世界上最早的"现代派"。这个开创之功，我们应该当仁不让。但有一点很大的区别——由于文化的不同，在中国，中庸之道的传统主导着中国文人画。个性再解放张扬，仍旧守着"过犹不及"的底线。例如明代徐渭画的葡萄、清代八大山人画的花鸟，尽管距离真实已经很远，但观者仍旧能够看得懂。不像西方文化那样好走极端，一旦"解放"就从极其写实跳到极端抽象，抽象到除了作者自己，观众根本不知道作品表现的是什么。不能忽略的是，这个艺术思潮产生的19世纪，又恰逢西方，特别是美国强势崛起，把持了文化的话语权。于是现代艺术便成了他们的专利。而一些中国文化人，由于长期处于鸦片战争的阴影之下，也自惭形秽，失去判断力，只会对西方艺术顶礼膜拜。殊不知，现代主义思潮在西方尽管曾经一度急剧扩展，不只绘画，还全面覆盖包括文学、音乐、舞蹈、戏剧、电影等各个艺术门类，但是彻底否定一切艺术规范的结果，却是越来越失去受众，书卖不出去，演出没有票房，所谓现代艺术最终变得无人问津，不得不草草收场，全面走向退潮。如今剩下绘画，由于对受众的"量"要求不高，加上又是静态的实体存在，因此还有一些人撑着。但到底能撑多久，不妨拭目以待。

当然，这样说，绝不是否定艺术对个性解放的追求，恰恰相反，正如前面说到的，个性，不可复制的唯一，是艺术的生命，是艺术葆有恒久价值的首要因素。但是有一点同样不能忘记：艺术，作为人类的审美行为，是由艺术家与受众共同完成的，是一场能使双方都获得极大愉悦的"精神热恋"。如果向受众提供的，只是一堆莫名其妙的"哑谜"，那就"恋"不起来，即使最初会被"新奇""神秘"所吸引，或者被各种玄之又玄、大力包装的所谓"理论"迷惑一时，但正如西方现代主义文艺思潮的涨退所证明的，最终也不可能持久。因此，我们应该有文化自信，回到中庸之道的传统来，沿着中国书法、诗词、文人画，以及其他文艺样式所遵循的创新方向去求索，而不是唯西方马首是瞻。

林　岗：我当年在巴黎看美术馆感触很深。巴黎有三个很有名的艺术博物馆。一个是卢浮宫，再一个是奥赛博物馆，还有一个是蓬皮杜文化中心。展品是根据西方艺术史来分布的。古典时期的作品展出在卢浮宫里面。卢浮宫人所共知，里面人山人海。奥赛博物馆原来是巴黎火车站，废弃后经过改造，主要展出印象派艺术品。恰好印象派是西方美术从古代到现代的分界。而蓬皮杜文化中心本身就是一栋现代主义建筑，里面展出现代主义和后现代主义美术作品。卢浮宫里人头攒动，奥赛博物馆人也不少，但知名度和观展人数已经难以比肩卢浮宫。蓬皮杜文化中心观者寥寥无几，可怜到门可罗雀的程度。这是不是暗示了你说的艺术话语权被资本强势把持而否定一切艺术规范，使艺术走上凋零末路的后果。虽暂时不得而知，但我认为两者至少存在一定程度的联系。后现代主义美术否定前人艺术规范造成的荒唐后果太明显了。

刘斯奋：没人看了。

林　岗：是的，很少人看。为什么呢？比如那个著名的马桶就摆在蓬皮杜文化中心。我要看马桶干吗非到那里去不可？况且看马桶本身荒唐不荒唐？

刘斯奋：是这样的。西方现代派的命运就是这样。

林　岗：它们脱离了大众，脱离了审美。不仅是艺术的末路，而且也是文化衰落的美学征兆。

刘斯奋：早期现代派那些美术作品还是有形象的。有些我觉得相当不错。但后来就越走越远，走向了极端。西方文化就是这样，因为它没有中庸之道的传统。

林　岗：我觉得写实和写意其实都能表现个性，而且都曾达到很高水平。加上两者各有功能，各有受众，因此不妨并存，事实上也一直在并存。但要理解二者的辩证关系，不是彼此排斥，而是相互补充，以此促进艺术的健康发展。

刘斯奋：是的。另外还有一点要承认：艺术确实需要天赋。想要做到最好就更加要天赋过人。这是与生俱来、无法强求的，也不是通过刻苦努力就能够获得的。不只是绘画，唱歌、跳舞、写小说也一样。比如我能写小说，还能画点画，但你让我唱歌跳舞，那我肯定做不来。

林　岗：的确是这样。艺术创作最根本之处取决于禀赋。创作者本身的禀赋直接决定了能走多远。这种看法过去被认为是唯心论，其实是"唯人论"。艺术创作不唯人，要唯什么呢？唯器物吗？石头不会说话呀。承认禀赋的意义在于重视作家，重视人才。具体到创作者，要看清楚自己的禀赋需要很长的时间，需要经由实践将潜能发掘出来。但最根本的，还在于有没有资质，有没有艺术的禀赋。艺术禀赋恰好是无法纳入框框条条的。一个人有才就是有才，无才就是无才，无才无论怎样都不能变得有才。
理论解释不通，但事实昭然。古人说"物之不齐，物之情
也"，或许就是这个道理。

四、谈中庸

林　岗： 这回聊一下中庸吧。这是中国思想史的大题目，又是儒家极为核心的观念。历来我们对中庸的解法比较固定，没有特别大的争议。"中"，朱熹说过，"无过无不及之名"。既不会过头，也没有不及。

刘斯奋： 不能有不及的。

林　岗： "庸"呢，就是庸常，"不易之为庸"。"中"和"庸"结合起来，无过又无不及，并以之为不易，就成了中庸之道。中庸之道在儒家的语境里意味着不偏不倚、折中调和的处事做人的德行。不偏不倚、折中调和的关键处在于把握事物的"度"。以烹饪为喻，就是把握火候。火候未到家，菜品不熟；火候过了头，口味又违和。以"度"，而不以固定不变的准则来决定处事做人方针的取舍，我以为这是中庸思想的精华所在。大凡事物的道理，无论来自经验的归纳还是逻辑的演绎，都追求自洽。如不自洽，则不成道理。一旦自洽，必定达到一定的抽象程度而成为原理准则。例如兵法，就是从战争中总结归纳出来的打仗法则。然而拿了这套打仗法则去实战又是另外一回事。实战是具体的，地形、兵力、武器、气象、士气等变量都影响着兵法原则的运用。如不参酌具体情形，对兵法原则生搬硬套，那就成了纸上谈兵。马谡失街亭就是把握不了兵法原则和具体战争环境两端的"度"而导致的失败。他迷信兵法，将兵法当成教条，而无视打仗环境的具体因素。以中庸的观点看，他不能做到不偏不倚，不能做到在兵法与具体情形之间折中调和。

刘斯奋：战国时的赵括更是纸上谈兵的典型。而《孙子兵法》就充满辩证思维，处处强调从实际出发，灵活地采取不同的对应之策，反对教条僵化的盲动行为。

林　岗：中庸本身其实没有什么高深玄奥的，但做起

来却没有那么容易。接受"度"的思想不难，处事做人
落实"度"，就十分不容易。孔子就说过："中庸之为德
也，其至矣乎，民鲜久矣。"一般人缺乏中庸的美德已
经很久了。我觉得有两个原因。一是人性中的"我执"
强大。由偏好、习惯、定见和信息来源共同造就的"我
执"是很难自我意识到的，要摆脱就更加不容易。而一旦
"执"起来，就难以不偏不倚了。二是"度"的把握根本
上是操作性的，要讲究经验的老到、娴熟。如同庖丁解
牛，必得经历19年，解数千牛，才能达到"刀刃若新发于
硎"而"恢恢乎其于游刃有余地矣"的境界。庖丁解牛做
得这么好，并不因为他理论有多高深，而是因为他经验丰
富。"度"的操作性就是这样，你明其理，但就是做不
到，知行不能合一，因为经验要求太高。非不欲也，是不
能也。中庸是典型的知易而行难的问题。孔夫子认为一般
人普遍缺乏中庸之德，不是没有道理的。

不论是不是实际上缺乏中庸之德，中庸观念在我国具
有深厚的民生民俗基础，这是确切不疑的。我曾在河南工
作过一段时间。当地俗语说一件事办得成不成，不像粤语
说"得唔得"，也不像普通话说"好不好"，他们说"中

不中"。"中"读重音（zhóng）。事情办好了叫"中"（zhóng）。你提个建议，对方认为可行，表示赞同，也叫"中"（zhóng）。说了个馊主意，或事情落实不了，或办砸了，就是"不中"。中原这些俗语反映出深广的中庸文化基础，那就是恰如其分的才是最好的。恰如其分其实就是"度"。所以中庸哲学可以认为是关于"度"的哲学，或者说它把"度"提升到哲学层面来认识。人类追求驾驭自身，驾驭客观事物，驾驭自然界，不是把事情做到不留余地就好，也不是把事情做到不及就好，而是恰如其分，满足"度"的要求才是好。"度"差一点儿，就会影响实践操作的后果。中庸之道告诉你分寸在哪里，尺度在哪里。所以它是关于"度"的哲学。"度"既是主观，又是客观；既不完全是主观，又不完全是客观。"度"是主观和客观恰如其分的结合。这里的恰如其分是人的分寸和尺度，它是一个实践性命题。中庸命题顺便带出一个对中国古代思想观念的偏见，就是有人以为中国无高深的哲学。哲学在西方是离不了逻辑推演的，以逻辑的严密、严谨为高深。因为它是不追求实践性的，它在自己的概念系统里追求自身的逻辑自洽。这种差异造成了对中国古代思想的歧见。

刘斯奋：孔子之所以有"民鲜久矣"的感叹，应该是与他所处的时代有关。春秋末期，周王室极度衰微，群雄并起争霸，弱肉强食。社会生活已经完全失去平衡。民众心理也必定受到强烈影响，不可能再保持"中庸"状态。面对"礼崩乐坏，人心不古"的现状，孔子作为一位尊奉"周礼"的政治思想家，自然感到十分忧虑。

林　岗：为什么以中庸之道为代表的"度"的哲学发端于古代中国？这是个有意思的问题。欧洲近代哲学之前，没有关于"度"的哲学，他们不讨论矛盾要素之间的均衡问题。唯物论认为，一切认知、思想、观念都来源于实践活动。据此，中庸的观念和中道哲学与中国的农耕生产实践的关系非常密切。华夏文明的农耕与其他文明的农耕有地缘环境、气候上的不同。中国大部分地区处于季风气候区，它最显著的特点是热雨同步。雨量与气温同步上升，又同步下降，气温上升则雨量上升，气温下降则雨量稀少。秋冬风从北边来，春夏风从南边来。季风气候使得中国一方面物产丰富，另一方面四季分明。华夏农耕必备的二十四节气就是对自然时序的认识。在古代文明另一起源地，中东和欧洲则不同，那里是地中海气候区。整个环

地中海地带雨热不同步，冬天下雨，夏天干旱炎热。古代
两河流域和埃及是那里的粮仓，只能等夏季上游洪水泛滥
过后带来肥沃的沉积物形成湿润土地，种植冬小麦，一年
一熟。其农耕根本不需要符合节气所表示的自然节律。如
果说那里也存在农耕必须遵循的自然节律，那就是另一套
节律。看他们的民居建筑，几乎没有方位朝向意识。因为
方位朝向对居住舒适度影响甚少。在我的"知青"年代，
农民种地给我留下了很深的印象。要是那一年气候反常，
那就一定是灾年。比如春天出现"倒春寒"，种子趁初春
温暖播下，已经长出了新苗，突然连日北风，新苗就会冻
死。不重新播种，那就没有夏熟。再次播种，延误了时
序，收成肯定受影响。以中庸的观点看，这就不合"中
道"，因为反了常。当然"倒春寒"是自然现象，无所谓
合不合"中道"。但时序与农耕的密切关系让人形成了
"常"与"反常"的认知，将"倒春寒"视为反常的天
灾，归入消极、负面的范畴。华夏农耕对气候环境的极度
依赖性，使先民认识到符合时序的重要性。正是由于农耕
极度依赖气候与时序、自然节律——风调雨顺才能丰收，
所以人们在生产实践中产生了关于什么才是"好"的见
解。"好"就是按照正常时序进行活动，因为它必定能达

至让人满意的结果；违背了时序，也就是过，或者不及，必然引致灾难。好就是"中"，不好就是"不中"。后来，根基于农耕经验的时序意识被儒家提升至道德教养层次，提升至个人修养的德行层次，中庸就成了君子必备的教养。孔子说"君子中庸，小人反中庸"。君子追求中道，小人则反中庸。君子能够依据中道思想处事和做人，而小人执于自我逞强，好走极端，剑行偏锋。中庸从农耕经验的朴素时序意识到君子德行教养是一个伟大的提升，是思想史上的飞跃，儒家在里面起了决定性的作用。

刘斯奋：在春秋战国的百家争鸣时代，绝大多数学派不是偏重于玄想，就是着眼于实际应用的"术"，而儒家则上升到道德教化的层面。它最终成为中国传统文化的主流，恐怕也是顺理成章的事。

林　岗：要是将孔子的话引申到对中国和古希腊思维方式的比较，那柏拉图的思想方式显然不是中庸的，虽然他不是"小人"。中庸是经验思维，柏拉图则是理念式思维。论述理念中的最优意味着追求极致，走到极致不但不切实际，且荒唐可笑。比如他的《法律篇》认为，最好的国家应由5040个公民组成。为什么他觉得5040人就最好呢？柏拉图说了两个理由。第一，唯独这个数字构成的除数，能被1到7连除七次，七次都可以整除，并且得到的数字是正整数。第二，这个数字从1到12，除了11以外，都可以整除。整除有什么好处，那就是在设计架构、分工合作的时候可以按照算术原理来驾驭。柏拉图的最优国家思想迷信数字神秘主义，以为这隐藏着神意的暗示。其实国家由多少人组成是人的历史活动的结果，无所谓最优的国家要由多少人组成。5040能被12整除，也许刚好跟雅典城邦最初组成的十二部落的数目是吻合的，所以他觉得由5040个人组成的国家是最理想的国家。我们用常识想一下也知道这有多么不靠谱，不切实际。人有生老病死、婚丧嫁娶，即使凑合5040人组成国家，不出一个月，死生相继，数目就会变化。或者有人以为这即便不能实现，也是一种理想，但关键不是能否实现。人类有很多理想都不能实现但有意义，柏拉图这种关于最优国家的理想却纯粹只是空中楼阁，迷信算术式聪明，没有任何意义。这是柏拉图思维方式追求纯粹理念、追求极致和形而上学的结果。希腊的地缘环境和气候使他们只能贸易立国。那里土壤贫瘠，石头山众多，除了石头还是石头，偶然一点儿有土之地，除了种几棵橄榄树外，长不出其他东西。希腊处地中海中段位置，控制贸易通道，非常适合转买倒卖。海洋贸易的富足使贵族耽于玄想，上天入地追求是之所以为是，追问永久不变的本质。故而它们与遵从时序才有好结果的农耕文化的思维方式有很大的差异。尽管两河流域也是农业文明的原生地，但两河流域地缘具有开放性，容易被周边异族入侵，被游牧民族征服，所以文明的积累、传承皆浅薄。而游牧民族是没有中道思想的，他们没有关于"度"的哲学。游牧民族的食物来源是牛羊，故其生活方式是逐水草而居，骑上马背走天涯。待凛冬来临，牛羊冻死，就靠武力抢夺，劫掠为生。勇敢、亡命、劫掠反而成为美德，抢得越多越好。如同海盗，崇尚勇敢、拼命，育成亡命之徒的哲学。游牧和海盗的生涯相似，崇尚的道德观念相通，那种亡命生涯是难以想象中道思想的，讲究"度"的哲学在他们那里就谋不了生。

刘斯奋：我很同意你所说的中道思想产生于我们的农业文明的观点。这种文明使人们对生存环境的变化特别敏感。比起游牧或者从事海外贸易的民族，农耕是一种相对静态的生存方式，由此造成人们对土地、对天气，和对宗族家庭更深的依赖。而依赖的前提是彼此的关系必须是平衡、融洽的。这种诉求体现在与大自然相处时，就是天人合一；体现在人与人、人与家庭、人与族群相处时，就是以和为贵。但关于中道思想的产生，对我们的先人，我觉得还应该给予更高的评价。我觉得他们所秉持的已经不仅仅是一种直观的、朴素的诉求，而是基于对天地万物更深刻的思考。代表人物就是周文王。他提出"易"的思想，"易"就是简易、变易，六十四卦所表达的，其实就是变化的观念。几千年前他就认识到：宇宙万物是变动不居的。这一点很不简单。他还提出"中道"的思想，这在清华大学2009年整理《楚简》时发现周文王留给后人的《保训》里得到实证。这说明他同时认识到：对人类来说，理想的生存与繁殖的环境，是天（宇宙）、地（地球）、人（包括各种生物）的和谐相处；是万物在宇宙的力场中各安其位，各得其所，不偏不倚，不过不激，圆融通洽，周而复始。然而，面对变动不居的世界，这样一种局面其实又是无法长久维持的。当事物因运动而产生并积累下来的各种能量饱和到一定的临界点，就会从量变发展到质变，打破既有的平衡，和谐也就转变为矛盾和冲突。

有鉴于此，"中道"的提出就是指示了一种应对思路。这种思路兼顾了事物发展不平衡的绝对性和平衡的相对性，既承认事物在不断运动中偏离平衡是其常态，同时又明确提出"执其中"，即应当通过主观努力，尽可能使之维持相对的平衡。这是一种动态地掌控事物发展的思想。二者可谓互为表里，相辅相成，体现了中华民族从哲学层次把握世界的高超智慧，而与其他民族基于宗教教义衍生出来的永恒固定的绝对理念大相径庭。

林　岗：孔子说，"不患寡而患不均"，其实也是一种中道思维。"寡"不是说少就好，而是说不论社会财富总量多少，哪怕它很少，但分下去不能不均。

刘斯奋：就是不管多寡，都要均。

林　岗：是的，总量多要均，总量少亦要均。这种思想是人类在最初征服自然的过程中体会出来的，后来便将之用在建构一个和谐的社会之上。社会秩序和谐的前提，是财富总量的分配，即分配以均为原则。

刘斯奋：这是社会主义思想来的。（笑）

林　岗：生产和分配构成财富过程的两端，生产讲效率，分配讲"均"。均不是绝对的均，是相对的均。古代生产力水平相对固定，难以通过提高生产率促进财富总量增加，社会问题往往就产生于分配不均。儒家对此很有认识，这本来甚好，但由于现代是一个生产力水平可以大提高的时代，儒家讲的"均"就容易被理解成民粹主义，产生讲"均"就阻碍生产力进步的印象。这对儒家是不公平的，在今天应该纠正。如果说古代也有社会主义，儒家的"均"当然就是古代社会主义，它与今天的社会主义是相通的。

刘斯奋：所以中国人能够接受社会主义，这就是它的文化基因。

林　岗：今天讲的社会主义有两条原则，一是贫穷不是社会主义。生产力要发展，科技要进步，效率要提高，财富总量要增加；一是财富的分配又要讲均衡。社会财富总量的增加不是为增加而增加，不是为少数人增加。财富总量的增加要实现全体社会成员的普惠性才有意义。只有所有社会成员相对均衡地享受到财富总量增加的成果，财富总量的增长才有正面的价值，否则它就是社会危机的根源。

刘斯奋：所以要节制资本。资本的本性就是为了追求财富，不择手段，无序扩张，造成社会分配极度不均，最终引发冲突和动乱。社会主义就是要打破这个怪圈。

林　岗：资本确实需要节制。法国经济学家皮凯蒂用实证数据比较了300年来欧美国家资本利得增长与国民财富增长，发现总是资本利得增长快于国民财富增长，也就是说国民财富增长越来越集中在资本持有者的手中。他的结论解释了欧美资本主义国家贫富悬殊、社会分化现象越来越厉害的原因。资本无非就是生钱的钱，人类社会既然无法脱离追求利润的财富生产，也就无法避免资本的使用。我们把它当成财富的生产方式的时候，需要明白它有利也有弊，用其利而避免其弊是明智的。禁绝的做法和放任自流的做法，事实证明都是错误的。资本需要节制，我相信不是由于资本天生邪恶，而是由于人性贪婪。人性借助资本在财富生产诸要素中的天然优势地位，将多于符合正义所得的份额置于资本的名下而忽视劳动者在财富生产过程中的贡献，导致社会贫富过度分化。分配的均衡是资本节制的重要一环。当社会财富分配出现不均的情况，公权力将财富分配调节到符合"中"的尺度要求，我认为这是社会主义的精髓。

刘斯奋：是的。变是绝对的，"中"是相对的。社会发展不可能停止，处置手段也在不断变化，其中包括在旧有的平衡彻底打破之后，采取战争或革命那样非常的激烈手段。但最终目的，仍旧是使极度扭曲了的力场回复"中"的状态，实现社会在更新阶段的平衡，为继续发展提供保证。

林　岗：中道思维应该有几层意思。一个是生产实践、生活实践方面恰如其分，有度有节的意思。另一个是在社会经济方面的和谐、财富分配均的意思，接近于小康、大同理想。这就是政治方面的思想了。"中"你刚才也说到了，在文学艺术中也有非常深厚的表现，这点留到下篇再谈。

五、谈审美理想

　　刘斯奋：中庸之道作为中华民族文化传统的核心理念之一，在社会生活的方方面面发挥着深刻的影响，因此也同样影响着我们的文艺创作。最典型的就是"怨而不怒，哀而不伤，乐而不淫"的所谓"诗教"。据说"怨而不怒"是后人加上去的。

　　林　岗：中庸被当作君子的德行，自然就意味着处事待人的姿态和立场。不管是不是后人加上去的，怨而怒，哀而伤，乐而淫都是"过"。诗所以成教，就在于它示范了中道有节、内敛含蓄的美。

　　刘斯奋：《论语》的原文只有："子曰：'《关

雎》，乐而不淫，哀而不伤。'"不过总体意思是一样的，就是称许一种中庸的审美。主张文艺作品不是不能怨、不能哀、不能乐，但是要掌握一定的度，不要过分。这种审美追求后来进一步发扬光大，成为中华民族共同的审美理想。与西方不同，它所推崇的美是含蓄的、内敛的、藏在里面的，而不是张扬裸露、狂飙突进的。西方主张愤怒出诗人；我们认为"失之大怒其辞躁"，主张"长歌当哭要在痛定之后"。这种观念与西方很不一样。

林　岗：我听过您的一个比喻，用包子和比萨比喻中西不同的审美理想和艺术表达。请尽量发挥，谈一谈。

刘斯奋：中国文化审美好比一个包子，把什么都包在里面。而比萨的起源，据说是马可·波罗回到欧洲后，向当地人介绍中国的包子，但是他本人却不知道怎样做包子，结果把全部馅子摊出来放在外面，于是成了现在比萨的样子。我曾用它们来分别比喻中国文化和西方文化。很多人觉得这个比喻很简括，也十分形象。事实上，基于中庸之道的中国审美理想，是讲求含蓄、内敛的，就像包子一样，把内容、情感都包在里面。西方的审美恰恰相反，讲求袒露、热烈，就像比萨一样，什么都摆在外面。这是两种不同的审美理想。从艺术表现的角度看，可谓各擅胜场，各有千秋。举个例子，李安拍的电影，在奥斯卡评奖中连中三元。其中有一部是《卧虎藏龙》，这是一部中国的武侠片，有周润发、章子怡和杨紫琼三位主角。为什么这部影片能获奥斯卡奖？原因值得探讨。首先，女侠只在中国才有，西方没有，西方的妇女都是被保护的对象。

林　岗：那是骑士文化，欧洲版的英雄与美人。不过女侠在西方传说故事或小说里确实未曾见，而中国花木兰在西方也广为人知。

刘斯奋：是的。就连《堂吉诃德》的主角，也要找一个村姑充当保护对象。但中国很早就有女侠，《吴越春秋》就记载，越女与猿公斗剑的故事。

林　岗：清代文康的侠义小说《儿女英雄传》的主角十三妹就是一位仗义行侠、拔刀相助的女侠。她用自己的绝世武功保护了文弱书生安公子。

刘斯奋：这是两种不同的审美观念。一名女性居然能成为女侠，一身武功，还能飞檐走壁，这在西方人看来就很不可思议。把刀光剑影同弱质美女合而为一、将极度阳刚用无比阴柔的外表包裹起来，造成一种矛盾奇崛的艺术形象。这也令他们感到十分新鲜。如果让西方导演来拍勇士复仇，往往就是《第一滴血》中的史泰龙，只会一味地刚烈勇猛。至于后来也出现武侠式的女杀手，例如《杀死比尔》之类，那是在《卧虎藏龙》获奖之后才跟风仿效的，以前没有。但西方人仍旧把女杀手拍得一味好勇斗狠，毫无刚柔并济的韵味。李安第二部获奖的《断背山》，是讲男同性恋的故事。如果按照"比萨"的方式来拍，必定让人不忍卒睹。但《断背山》却将它处理得很温馨、含蓄，回避正面表现，一切都通过暗示表达。这也是"包子"的手法。对西方的观众来说，这又显得别开生面。于是奥斯卡奖再度颁给了他。第三部是《少年派的奇幻漂流》，这本来是一场发生在海上的杀戮，李安同样不正面表现，只借用几只动物作为象征——老虎、猩猩，把它们活生生地搬上银幕，用来隐喻这场杀戮的参与者，从而将血淋淋的场面化去，而将强烈的悬念保持到最后。我觉得这同样是中国式的"包子"手法。虽然尚未见别人这么评论，但我觉得他连中三元的原因，都与运用了中国传统的审美表达有很大关系。正是因为对方自觉做不到，才将奖颁给你。前些年国内也有一些导演学西方的大片，运用高科技来搞特效。但在这方面人家是老师，而且经验丰富，再怎么模仿也难以让他们折服。我觉得应当从李安的成功得到启示，重新确立对中国传统审美理想的自信。这样才能使中国的作品真正自立于世界艺术之林。

林　岗："包"起来的长处在于让观众读者有想象的空间，就好像名句——"过于先进，不便展示"那样。告诉你已经很先进了，但如何先进，你自己驰骋想象吧。"比萨"一目了然，长处是感官刺激强烈，观众读者或大呼过瘾。但讲到艺术的余音绕梁，"比萨"式的表现终逊一筹。

刘斯奋：《三国演义》写"温酒斩华雄"也是一个好例子。

林　岗：嗯，温酒斩华雄也没有直写血淋淋的搏斗，用温酒和一通震天的战鼓声来暗示杀伐的激烈与迅捷，含蓄表现最激烈的搏斗场面。中庸审美理念孕育出中国文学艺术广泛存在的"包子"——含蓄、简洁、间接、表意等诸多美感表现手法。我们觉得好的、艺术上站得住脚的作品，几乎都与含蓄表达有关。我们从来不觉得血淋淋的作品就算好作品，西方或许如此，但中国艺术不是。上乘的呈现即使遇到激烈的场景，也一定能转个弯，将刺激性元素包起来。要是转不了这个弯，那美学上就被认为是失败的，至少不完美。《水浒传》是传世作品里涉及杀人放火等极端场面较多的，但写得好的经典场景，都可见叙述者极力避免血腥，避免刺激。如杨志卖刀一回，最终虽是杀了牛二，但重点却在杨志的忍。末路上的英雄实在不想惹是生非，却偏偏遇见无赖牛二。一个逼，一个忍；一逼再逼，一忍再忍。走投无路之际，只有两句话说杀人——"把牛二胸脯上又连搠了两刀，血流满地，死在地上"。而希腊史诗《伊利亚特》写阿喀琉斯的勇武和复仇，是写他杀死对手赫克托耳之后，当着特洛伊老国王的面用绳索捆绑尸体于马后拖行，还威胁将尸身喂狗。杨志和阿喀琉斯都是英雄，但一个以忍写英雄，一个以狠写英雄，手法截然两样。

刘斯奋：我建议我们再在这方面发挥一下。其实这种含蓄的手法是尊重读者的，给读者留有大量的想象空间，调动他们的主观能动性加以补充、充实和丰富。比如中国绘画，处理手法与西洋油画大相径庭。天不画出来，水也不画出来，就让它空白一片。这样行吗？完全可以。因为读者都有现实生活的经历，知道天是什么样的，水是什么样的。画家只要画出水岸，画出地平线上的山峦和树木，读者自会依照个人平日所见去想象补充。而且这种想象出来的形象会更加鲜活灵动，因人而异。实际上这是一种更高级的艺术欣赏方式。但是外国人却感到无法理解，说你们的天不画、水不画，就想卖钱？

林　岗：那些质疑天不画、水不画，就想卖钱的外国人，是东方艺术修养不高的外国人。当年进入中国，包括到敦煌半骗半夺，弄走很多藏经洞宝卷的汉学家、旅行家、传教士，不少还是识货的。今天收藏于西方各大博物馆的中国藏品皆是精美绝伦，几乎全部是这些人趁中国积贫积弱之际搜罗的。当然不同文化之间，隔膜是常见的情形，能理解华夏艺术精妙的西方人，肯定是少数。华夏艺术成长的土壤和演变路径与欧洲差异甚大，艺术之心或同，但艺术的呈现和表达方式截然两样，出现隔膜，或以为华夏艺术劣等于欧洲艺术者，在西方大有人在。

刘斯奋：实际上中国的艺术已经升华到很高的境界了。因为从艺术行为的本质来看，艺术就是作者与受众之间的一场精神之恋。而相恋的最高境界，就是一切尽在不言中。一方只需一举手、一投足，一颦、一笑，另一方就能感知到他的想法和情绪。两者的道理其实是一样的。

林　岗：讲到欣赏，作者定要抱有尊重受众之心，受众亦当委曲入微，体察作者。如伯牙与钟子期，一个善弹，一个善赏，钟子期不在了，琴声也无人能赏，伯牙就把琴劈了。再好的东西无人欣赏，没有了知音，它也失去了存在的意义。"音"本身不是抽象的存在，一定要在读者、听众中存在才是真正存在。华夏艺术在西方知音难觅，很难遇见西方的钟子期啊！

刘斯奋：是这样的。

林　岗：中庸含蓄的审美理想自新文化思潮兴起就受

到了强烈的指责。《新青年》同人各自立场有差异，保守也好，激进也好，都对传统旧戏一致采取贬斥的态度。他们不但批判其中的旧伦理、旧道德，还批判旧戏的审美，指责大团圆模式，认为大团圆不够现实主义。这显然是受到了西方悲剧审美的影响。西方悲剧崇尚冲突，人与命运的冲突、性格之间的冲突不可调和，就导致了悲剧性结局，最后同归于尽。但中国其实甚少推崇极端的审美，就算《窦娥冤》，最后还是沉冤得雪。它在当代被认为是中国最伟大的悲剧，这种认识当然是受了西方悲剧审美观的影响而产生的，就像"五四"时代认为大团圆是反现实主义一样。我们的老师王季思老先生曾编选过古代十大悲剧。但认真查考下去，很多中国古典戏剧并不算悲剧，至少不是西方悲剧意义上的悲剧。旧戏故事固然有使人"悲"的元素，但故事整体一定是蒙冤得直。它所表现的不是悲，而是冤。悲被命运和不可调和的冲突所决定，是注定的；而冤不是命定或注定发生，即使有冤情也可以纠正。总之无论是批判大团圆，还是引入西方悲剧观念评说旧戏，都表明了传统的审美理想在中西交融的时代面临了挑战。

刘斯奋：这与中国人重视现世生存的传统相关。即使是道教，作为本土的宗教，也是好生恶死。后来佛教传入中国之后，尽管不少人也向往所谓"西方极乐世界"，但骨子里仍旧着眼于现世生存。不像西方民众，真心相信有另一个世界，有上帝、天堂。中国人没有这个彼岸世界，认为一旦死了就什么都没有了，因此极其重视今生今世，甚至认为"好死不如赖活着"。因此中国戏剧也好，通俗小说也好，民间说书也好，凡是以广大民众为对象的作品，都不会宣扬死亡，即使历尽曲折艰辛，最后都会迎来大团圆结局。这些作品都要告诉人们现世是有希望的，正义就算迟到，也总会得到伸张。

林　岗：过去叫作睇大戏、唱大戏，大户人家或集镇庙会表演，场合热闹，气氛喜庆。若是一悲到底，肯定气氛违和，与热闹的宗旨背道而驰。所以旧戏多以大团圆作为结局，与剧场的场景关系密切。换言之，应用场景影响了内容表达。而现代社会变迁改变了戏曲表演的社会场景，由此引起对戏曲内容隔靴搔痒式的批判。

刘斯奋：其实，从整体来考察，中国文艺历来是有分工的。其中供士大夫阶层驰骋才情的，像诗歌这一大块，大团圆的色彩就十分淡薄。诗歌创作的主流是对国家兴亡、民间疾苦以及世事沧桑、人生无常一类悲剧发出深沉的嗟叹，至于大团圆的喜剧结局，则让位给通俗文化。应该说这是儒家以天下为己任，以及仁者爱人情怀的体现，也是中华文化一个优良传统，为西方文化所无的。"五四"的精英们大概思不及此，看到与西方的榜样有异，便本能地加以否定。

林　岗：近现代是改天换地的时代。

刘斯奋：矫枉过正了。

林　岗：是的。"五四"一代人如鲁迅也知道过正才能矫枉，或许是改天换地必付的代价吧。

刘斯奋：重视现世生存是人类的本能，理所当然要加以维护。无疑，我们同样也表彰为国为民的献身精神。但这里有一个小我与大我的关系。牺牲个人利益乃至生命来维护集体、民族、国家的利益和生存，这与无差别地宣扬死亡，歌颂死亡是不容混淆的两个概念。

林　岗：中西戏剧理念有很大差异。悲剧在古希腊被定义为公共生活，是城邦公共生活一个必要的环节。但中国主要是家族生活形态，血缘、姻缘、地缘组成的伦理和熟人生活是人生的重头戏，占据主要地位。所以旧戏排斥过度悲伤的内容，主张即使人生受苦受难，终有雨过天晴的一日，这对维持正常的伦理秩序十分重要。

刘斯奋：这方面我没有研究，我想请教一下你，为什么悲剧在西方那么流行，像莎士比亚的戏剧？为什么他们盛行悲剧？

林　岗：悲剧在古希腊是实现公民教育的精神生活方式，是城邦公民生活的重要环节。推测起来，这大概和日后基督教流行，教众须定时定点上教堂听主教牧师布道忏悔己罪的严肃性差不多。凡有公民身份的，必参与演出或欣赏悲剧。城邦公民通过参与悲剧，灵魂得到净化。悲剧净化灵魂的作用，亚里士多德在他的《诗学》里讲得很清楚了。悲剧诗人认为有超越人意志的神意，这个神意就是命运。超越人意志的命运观应该是城邦公民共同的精神认同。悲剧的精神教育作用就是通过剧作唤起这种共同的精神认同，从而实现精神教化的目的。因为古希腊人认为，虽然人无法抗衡命运，但正是在反抗命运中显示人的强大。通往最终结局的命运是无可更改的，但你在途中做怎样的选择、怎样的行为，是有选择的。越是反抗，便越显人的强大，越显示出英雄豪气。

刘斯奋：勇于与命运抗争的观念在中国古代传说中也有体现，例如夸父追日、刑天舞干戚、精卫填海、后羿射日等都是。

林　岗：希腊人信的是自然神。人的意志无法胜过神意，无法扭转命运。而英雄是勇于与命运搏斗的人，斗争越激烈，就越显英雄本色。到莎士比亚的时代，古希腊的命运观瓦解了，导致悲剧的因素从命运变成了性格。人在命运面前的选择变成人在性格冲突面前的选择。像莎剧《麦克白》就是典型的性格悲剧。国王的将军麦克白去平叛，在胜利归来的路上遇到三个女巫，三个女巫分别讲了三个预言，最关键的预言说他将成为国王。于是班师回朝后麦克白便谋杀了老国王，犯下弑君之罪。三个女巫的预言其实是麦克白的心魔。麦克白的野心驱使他陷入毁灭的深渊。

刘斯奋：将野心的产生归咎为现实处境的变化，似乎已经摆脱了命运和原罪的窠臼。

林　岗：莎士比亚接受文艺复兴的人文主义，他对人的观察更多地从人自身出发，看到性格造成的悲剧。

刘斯奋：这是观念的一种进步。

林　岗：对于无法摆脱的心魔，宗教的说法是邪灵诱惑，如伊甸园的蛇。其实邪灵出于人自身，怪不到动物身上。

刘斯奋：有个很奇怪的现象不知你有没有发觉？就是近几十年美国电影的变化。它的结局越来越中国式，往往也都是大团圆的，坏人一定受到惩罚，好人则收获爱情和荣誉。这与中国的传统小说戏剧的结局照例是迎娶美人、高中状元十分相似。

林　岗：这是不是叫作殊途同归？（笑）

刘斯奋：（笑）这也不知道什么原因，悲剧传统没有坚持到现代。

林　岗：是不是现代衣食充足，生活安逸，人们对悲剧没有什么感受了？我不知道。艺术多少有点儿神秘，理性并不能完全说清楚艺术。莎士比亚之后悲剧逐渐走低，到现在差不多可以说悲剧的传统已经完结。当然也不能排除日后复兴的可能性。推测起来，悲剧肯定需要施教布道的意味重于娱乐的意味才能存在。美国电影成了典型的娱乐工业、精神消费工业，因此而渐渐失去"净化灵魂"的功能，也是不奇怪的。

刘斯奋：中庸的审美，应该并不只体现在大团圆结局中，而更体现在整体表述方式中。例如前面谈到的古典诗歌，虽然没有大团圆结局，但由于是遵从温柔敦厚的诗教来创作的，因此整体都散发着含蓄内敛、温厚沉着的中庸审美气息。

  林　岗： 审美理想讲中庸，创作却需要时常变易。古人以为易有三义：简易、变易和不易。简易我们立题另讲，变易与不易看似矛盾，实质指不同层面。不易指抽象原则和规律的不变性，如阴阳构成的宇宙万物。要是宇宙万物没有其抽象原则和规律，则它是不可认识的。变易是指具体事物的过程，凡属过程必有变。正是因为"易"存在多面含义，古人才以易为道。以易道看文艺，可以引申出许多有意思的问题。刘勰《文心雕龙》既有《时序篇》，又有《通变篇》。前者是观察文艺史应有的角度，后者是作者对创作应持的立场。刘勰持唯物主义的立场观察文艺，认为"歌谣文理，与世推移，风动于上，而波震于下者也"。世的推移相当于风，是变易的原因，而歌谣文理相当于波，风动波震，是变易的结果。刘勰用变易观解释文艺史种种现象，细节虽有未备，但领悟是深刻的。他有"文变染乎世情，兴废系于时序"的结论，常为今人引用。刘勰不但用变易观解释文艺现象，还指出作者懂得通变、将变易思想融入创作中的重要意义。易道不但解释了世界，而且还是改变世界的一件利器。如果作家不懂变易，只此一副面孔，那就不能做到穷则变，变则通。刘勰提出作家要懂得"通变之术"，因为"设文之体有常，变文之数无方"，任何文体虽有组成的固定要素，但具体运用而生出的变化却是不可穷尽的。他还提出作家应该按照"名理有常，体必资于故实；通变无方，数必酌于新声"的原则来对待创作。就是说，创作里存在不变与变的辩证法，要看到文体的不变，但也要存个求变的心思。文艺史上，常有作家"中年变法"或者"衰年变法"。每个时期，甚至每篇新作，都以此为新起点，不吃老本，才能做到艺术之道长青。

刘斯奋：十分同意。事实上，变易之道一直深远地影响着中国的文艺创作。刘勰之后，历代许多作家都十分强调创作要善于变化、变通。例如欧阳修《六一诗话》说："圣俞尝语余曰：'诗家虽率意；而造语亦难。若意新语工，得前人所未到者，斯为善也。'"胡仔《苕溪渔隐丛话》说："学诗亦然，若循习陈言，规摹旧作，不能变化，自出新意，亦何以名家？"黄庭坚说："文章最忌随人后。诚至论也。"李渔在《窥词管见》中也指出，诗文创作"莫不贵新，而词为尤甚。不新可以不作。意新为上，语新次之，字句之新又次之"。如此等等。

对于求新求变的重要性，我在创作《白门柳》时也深有体会。特别是这样一部130万字的三部曲作品，如何使之一直保持活泼的新鲜感，让读者不产生审美疲劳，避免重蹈虎头蛇尾，或者说多卷本小说往往一部不如一部的覆辙，对作者来说，这无疑是巨大的挑战。我的经验同样是力求变化。在各色人等的性格塑造、大小情节的设计以及活动场景的转换等方面，通过层出不穷的新点子来拉开距离，并且把这种努力一直坚持到最后一刻。

林 岗：您结合自己的创作体验，讲来十分有味，也暗合金圣叹评点《水浒传》时讲到的"正犯法"和"暗犯法"。所谓"犯"就是同一题材或场面一写再写。"正犯"就是正面再写，"暗犯"就稍稍变换来写，两者都蕴含同中求变的意思。《水浒传》作者同中求变，呈才展技，得到金圣叹的激赏。他在《读第五才子书法》里说："有正犯法。如武松打虎后，又写李逵杀虎，又写二解争虎；潘金莲偷汉后，又写潘巧云偷汉；江州劫法场后，又写大名府劫法场；何涛捕盗后，又写黄安捕盗；林冲起解后，又写卢俊义起解；朱仝、雷横放晁盖后，又写朱仝、雷横放宋江等。正是故意要把题目犯了，却有本事出落得无一点一画相借，以为快乐是也。真是浑身都是法。"金圣叹指出水浒故事里的"犯"，是作者故意为之还是无意中育成，固然不得而知，但创作中力求变化确实成为优秀作家、艺术家的自觉追求。如诗歌史上同题诗屡见，诗意却千变万化，多姿多彩，而不雷同。作者们深知艺术的长久和魅力在于其时出新意，变易无穷。

刘斯奋：另外，我觉得对艺术创作来说，其实"变"不仅是避免受众发生审美疲劳的需要；而且也是作者自身保持创作激情的需要。因为求变出新，是对作者智慧和才能的挑战，势必不断引发应对挑战的兴奋。而贯注始终的激情，正是艺术生命之所系。

六、谈尚用

　　刘斯奋：现在谈谈中国人价值观中的"尚用"原则。我觉得首先还是与农耕文明有关系。农耕的生活环境相对固定，所面临的生存挑战——来自大自然的和人类社会的，也相对固定。游牧民族、航海民族则不同。他们可以通过不断迁徙来躲避难以解决的矛盾、挑战；而在迁徙过程中，还会有意想不到的遭遇与收获。因此这种类型的民族比较浪漫。比如希腊民族，他们生活在海边，产生很多浪漫、美丽的传说。这是他们民族特性的体现。至于罗马人，由于是农耕民族，他们传颂的就不是浪漫美丽的传说，而是艰苦奋斗的英雄故事。这与民族的生存状态有很大关系。中华民族也是如此。农耕民族的生存环境相对固定，因此它面对的矛盾就是随时随地、实实在在、无法回避的。因此找到行之有效——也就是"有用"的应对方法，就成为生活的常态。这也是尚用成为中国人重要价值原则的原因。

林　岗：我来举一个反例，或许可以补充您的论点。印度是世界上一个大的农业文明国家，而好幻想又是印度文化特性。印度宗教、神话和文学的玄想特质是非常明显的。佛经术语中有什么南赡部洲、西牛贺洲，什么恒河沙数、娑婆世界、三十三天、八百罗汉、三千大千世界，简直满天神佛，全是头脑异常发达的幻想产物，其幻想能力的丰富，甚至达到"奇葩"的程度。如何解释这现象？这个问题理解得好，或有助于我们换个角度思考尚用。尚用原理针对的不是不讲实际，而是用特别的方式方法讲实际。全世界的民族都一样，如果它不讲实际，那它就无法生存。但有的民族用崇神来应对实际，而尚用原理则直面实际。所以尚用的对立面是崇神。不同民族由于在发展早期对精神层面的不同选择造就了或崇神或尚用的不同取向。印度民族显然比汉民族更加崇神，于是他们在我们眼里就显得不那么尚用。环顾世界历史，可以观察到在对民族发展起作用的诸要素中，崇神有时能发挥很大作用，也能帮助应对生存，至于生存得好不好，那就见仁见智了。古印度地处南亚次大陆，在大航海时代之前，想要入侵这个南亚次大陆只有一条陆路，必须取道今天阿富汗与巴基斯坦边界的开伯尔山口进入。历史上雅利安人、马其顿人、阿拉伯人、蒙古人都是从这里进入，征服了原居住地的印度人。但是很奇怪，印度人从来就不在那里修工事，山口一直没有设堡垒、关卡防守。其实修个关口并不难，山口最窄处仅约一里。换成中国人的话，开伯尔山口早被修造得固若金汤了。如此安危攸关，岂能不设防？中国各交通要道上留下了多少关口！如潼关、函谷关、剑门关、大散关、雁门关、嘉峪关、山海关等，数之不尽。但千百年来，印度人就是不设防，简直就是在异族入侵面前"躺平"。追溯原因，与他们崇拜神灵脱离不了干系。崇拜神灵占据了印度民族生活的中心位置，以至于其他被我们认为实际的东西，他们都放在一边。传说当年亚历山大东征到印度，遇到一位智者，智者问亚历山大要征服那么多地方干什么。因为印度智者认为每个人最终只能拥有他站立的那一小点儿地方。言外之意，征服者做的都是无用功。这位"躺平"的智者完全无法理解征服者的雄心。相比而言，中国人不崇神，起码社会的主流不崇神，所以能够眼光向下，而不是盯着苍穹之上的神灵。不管遇到大危机还是小危机，中国人都能靠实用思维来应对。兵来将挡，水来土掩；前所未遇，就摸着石头过河；此法不通，就另创窍门。总之绝对不"躺平"，有挑战就应战。但崇拜神灵的人通常仰望苍穹，不向下直面实际，危机来了就祈祷，就求神拜佛。中国人不崇神，是一个莫大的优长，它滋养了讲求实际、追求实效、奋斗不息的尚用精神。当然我们的老百姓也有临急抱佛脚的，但在尚用精神的氛围下，求神拜佛也透着实用性的特点。

刘斯奋：灵就信，不灵就不信。因为做不到有求必应，因此内心总是处于信疑之间。

林　岗：是的。儒家文化不崇神，有利于社会培养尚用和讲求实际的思维习惯。民间常说，靠天靠地不如靠自己。这是极为优秀的传统。环顾当今世界，多少不必要的冲突与争吵，背后都是因为大家崇拜的神不同，为了这个虚幻的神灵斗得你死我活，极大浪费了人力物力与社会财富。虽然背后也有利益和地缘因素的原因，但你神我神之争，至少激化了物质实利和地缘矛盾，使本来可以妥协的矛盾升级成武力对决。因为神灵的不同是不能妥协的，要么你信我的神，要么我信你的神，不可能双方坐下来，商量一下哪个神更可信。神灵之争是人类冲突的死结。现世利益可以商量，就像做生意，这次你多赚一点儿，我少赚一点儿；下次我多赚一点儿，你少赚一点儿，甲方乙方有话好好说。人类妥协的基础建立在物质利益上，最有可能达成而且成效正面；但人类的终极之争建立在神灵信仰不同的基础上，几乎没有妥协的可能。谈到神，就存在信与不信的问题，没有其他选择。这个人类"死结"的开解之道，我以为在于尚用原理的普及，尚用思维恰好是一副神灵冲突的解毒剂。中华民族这个优秀传统绝不能丢掉，极不宜自贱鄙薄，视之为缺乏信仰。恰好相反，尚用传统担得起"极高明而道中庸"之誉，它包含了对人的生存状况深刻而且透彻的洞见。

刘斯奋：因此，几千年来，中华民族尽管经历了很多波折、无数劫难，仍旧能够生存延续下来，不像其他一些古老民族那样被彻底灭绝，我们所持的尚用精神不能不说是十分重要的原因之一。事实上，我们的民族经过长年累月实践的积累，已经总结出极其丰富的生存智慧。最典型的是流传至今的三十六计，每一条都事关生存，最妙的是最后一计"走为上"——无论如何，只要保存一线生机，就有可能卷土重来，反败为胜。这也是"尚用"的本质。

林　岗：很多人声讨三十六计，说这是阴谋诡计，您怎么回应？民国年间有个李宗吾，写了本《厚黑学》，坊间流传甚广。有人将三十六计当成"厚黑学"之祖，以为中国是一个讲究厚黑的国度，"厚黑学"也成了传统学问。

刘斯奋：三十六计也好、"厚黑学"也好，无非都是对生存智慧的归纳总结。具体要看是谁在运用，怎么用。用在正义的身上，它就是生存智慧，用在做坏事上，就成为"厚黑学"。

林　岗：这个说法好，我非常赞成。是否"厚黑"，要看抱着什么目的做事。用意害人害社会当然就是"厚黑学"；而用意助益人生、帮助社会、挽救国家，那就不能说是"厚黑"。看待生存智慧问题，不能用泛道德主义的眼光。直到15世纪末16世纪初，欧洲才出现摆脱神学教条的"帝王术"，是为马基雅弗利的《君主论》，可见其直面现实的智慧出现的迟滞。

刘斯奋：凭借极其丰富的生存智慧，"三千年未有之大变局"那样亡国灭种的严峻考验，我们都挺过来了。目前，世界又面临百年未有之大变局，已经步入全面复兴的中华民族，更有足够的智慧和信心，回击国际霸权的任何挑战和妄想。

林　岗：鸦片战争以降一百多年来，中华民族确实遭遇全新的生存挑战。面对亡国灭种的危机，为了救亡，各式各样的西来主义、宗教、思想都传了进来。但经过实践检验，最后只有两样事物在中国社会扎下了根，一是科技，一是马克思主义，它们进入了社会主流。

刘斯奋：这是中国人又一次运用尚用原则进行选择的结果。

林　岗：大航海时代以来的殖民史告诉我们，殖民者入侵后进行殖民，喜欢将自己的意识形态和价值观携入传播。一手武力，一手教义，但却忌惮本土知识分子学习他们的先进科技，尤其是工程技术。人文、艺术可以学，科学技术就藏着掖着，除非本土知识分子自己去学。殖民者深知科技一旦由被殖民国家自主掌握，他们的好日子就过不安稳了。

刘斯奋：尚用作为中华民族一个非常重要的原则，其实是贯彻到政治、经济、军事、文化、生活等各个方面的。全部展开来谈，不是我们这个对话所能承担的。我们就谈一下文化。尚用原则怎样在文化方面体现，如何贯彻？因为文化与其他方面有区别，是比较形而上的。那它怎样在尚用原则中体现？今天我们又该如何将尚用原则贯彻到文化建设中来？因为我们是从事文化工作的，我觉得可以集中起来谈这个问题。你觉得怎样？

林　岗：好的。尚用思维落实到近现代文艺史，有一系列现象可以探讨。近现代中华民族最迫切的使命无疑是救亡。文学的有用性在救亡的氛围下得到关注，梁启超是最早从实用角度提倡小说变革的人。他于1902年写下《论小说与群治之关系》，认为"欲新一国之民，必先新一国之小说"，举凡道德、宗教、政治、风俗的改新，必以小说改新为前提。梁启超对文学的认知可能片面，但确实是尚用思维使他最早意识到，文学一旦变革，就可以充当所有道德精神和社会层面变革的有力工具。为此他发起小说、诗歌、文章等改新运动。由鲁迅与现代文学现实主义传统的形成，也可以看出与尚用思维的关系。西方包括浪漫主义、象征主义、现实主义、现代主义在内的所有文学潮流中，鲁迅原本最看重浪漫主义。他在1907年写的《摩罗诗力说》介绍的全都是欧洲浪漫派诗人，还给他们取了个好懂的名字——摩罗诗派，但十年后写白话小说如《孔乙己》《狂人日记》《祝福》《药》等，采用的却多是写实手法，他成了现代文学强大的现实主义文学传统的开山祖师。这真的很有意思。鲁迅取法现代欧洲文学，从浪漫主义到现实主义，无非是考虑文学"呐喊"启蒙的效果，以写实为最能发挥社会作用。尚用思维引发文学发生重大变化的时期当在国内革命战争时期。由于战争亟须动员、鼓舞、教育士兵、民众，那些原来不为上层文人重视的民间形式如弹词说唱、快板、地方戏曲、民歌等，还有舶来的独幕剧、话剧，突然间被激活，以文工团和战地文艺服务团等方式，汇聚成革命战争中轰轰烈烈的战地文艺运动，形成了中国文艺史上从来未见的文艺普及化运动。文艺实用性的一面在革命战争时期得到了淋漓尽致的发挥。正是革命战争历程中形成的战地文艺传统塑造了新中国成立后文艺的基本角色和风格。可以说离开了尚用的角度，近现代文艺史上许多文艺现象的合理性是得不到说明的。

刘斯奋：这跟时代背景有关系。当时正处于启蒙、救亡、图存这种大的社会氛围，因此必然会影响到作家，要实现这些目标，浪漫主义是无能为力的，一定要针砭现实的写实主义，要写现实的题材、关注现实的民生疾苦、关注现实的社会问题，这样才能服务于总体的时代需求。说起写小说，你说《西游记》算不算现实小说，是不是尚用的？当然它也是为了纠正人心，也是从这个目的出发。

林　岗：精神上可以说是，但写法上肯定不是现实主义，《西游记》不能说是现实主义的作品。

刘斯奋：从收复心猿意马这个角度来看就是。

林　岗：是的。

刘斯奋：其实还是要讲究有用。就文化来说往往就是这样。它的非物质性质决定了它是以潜移默化的方式对社会发生作用，这样算不算"用"？

林　岗：文艺的"用"是分长短的，有长"用"的文艺，也有短"用"的文艺。能以潜移默化方式起作用的是修辞讲究的作品，这些作品的"用"就是长"用"，长时期起作用。《西游记》作者存了个收拾心猿意马的意图，将之融化在取经故事里，使神魔鬼怪的表象之下别有深意。表面荒诞不经，里面规劝讽喻，用世之心赫然可见，其"用"也绵延长久。然而人间社会事有缓急不同。应急之时不能没有文艺，行军须有快板鼓劲，战后休息须有演艺振奋士气。应急的文艺，短"用"的文艺，艺术难以讲究得十分到位，作品或不能流传不朽，但不能因此忽视其作用。哪怕粗糙，修辞欠讲究，哪怕应急之作不长久，但文艺从未缺席。文艺的短"用"是需要我们用历史的眼光来认识的。

刘斯奋：这个问题就比较复杂。比如西方很多文艺也带有宗教宣传意味，但你说这种文艺就没有用吗？

林　岗： 宗教当然追求社会作用，但是宗教的"用"在唯物论看来导人走错路，导人栽跟斗，教义宣传是精神鸦片之说就是指此而言。所以教义的宣传，不能说它无用，但比较宗教教义的"用"和中国文化的尚用，要把它们放在具体情形下才能看出含义的区别。尚用是以实效为事物价值的评估标准，它与事物自身发生作用有所不同。例如愚公移山，挖山不止为有用。如果愚公对着大山日夜祈祷，虽信仰弥坚，也属无用。不过祈祷对愚公本人坚定信心是起作用的，只可惜这个作用不是客观的实效罢了。文学所起的精神作用也应作如是观。鲁迅有句话很有名："一首诗赶不走孙传芳，一炮就将他轰走了。"对赶走军阀而言，诗没用，炮才有用。但反过来看，炮要有人放。如果放炮的是个胆小鬼，那有炮也没用。一定要有勇敢的战士，有胆量向军阀开炮。而诗的作用就在于鼓舞士兵的胆量，给战士壮胆。说得更全面一些，诗在赶走孙传芳这件事情上是有用的，不过不是炮弹的作用，而是鼓舞胆量的精神作用。

刘斯奋： 启迪民智，武装思想。虽然并不直接，但最终还是落实到"用"上。不过确实还有一种并不产生实际效用的所谓"无用之用"。你怎么看？

林　岗：是的。这涉及"用"的另一种区分：实用和虚用。讲尚用的时候，我更多讲的是实用，少讲虚用。虚用，其实就是无用之用。文学艺术笼统讲都起精神作用，但其中下里巴人的部分就比较接近于实用，而阳春白雪的部分更接近虚用。近百年来，先是救亡图存，后是国家建设大干快上，即便在精神领域，也更加重视文学艺术接近实用的功能，这是可以理解的。不过，文艺的实用和虚用也不是截然断开的。要使两者结合起来，既于社会现场导乎先路，又经得起时间的检验，传诸久远。要求虽然高，也不是没有可能做到。它需要作家、艺术家自身的觉悟和丰厚生活经验的积累。总的来说，文化中的精致部分是虚用，无用之用；而大众文化、娱乐性文化是实用性强的文化。

刘斯奋：比如打麻将也是。

林　岗：正是这个意思。那些高雅的文化往往只能起虚的作用。像虚室生白的道理一样，只有追求艺术的"虚性"才能映衬出它的长远价值，也才能传诸久远。

刘斯奋：我觉得中华民族是很讲究实用的民族，整个文化界的思维都很讲实用，所以不怎么重视无用之学。当然，无用之学无法实用，但它能在另一方面补充中国人这种实用思维的不足，让我们学会胡思乱想，解放大脑，不切实际地想。我觉得这种思维的训练对整个民族也很有必要。中国人因为太重视实用，因此这方面的思维不发达。中国现在学技术学得很快，能力惊人，工匠精神从来不缺乏。但在基础理论方面的建树，像相对论、量子理论那些，却一直是弱项。因此要纠正过于实用的思维偏颇，要提倡敢想、大胆想。对那类敢于胡思、善于乱想的人才，应当给予更多的关注和爱护，并提供相应的激励机制和表达平台。当然胡思乱想肯定不会百分之百出成果，更多的是白白耗费了时间和心力，真正的成功者往往没有多少。但它起码是一种思维的深度训练和探索。在这种基础上一旦突破，成果就不得了。

林　岗：这是有一长必有一短的道理。尚用固然是传统文化的精华，但也由于尚用思维的强大和理解的片面化，"无用之用"就被忽视了，原本有价值的思想创新很可能因其无用而夭折了。因为那些由敢想、胡想、不切实际地想而出现的东西，在实用气氛浓厚的情形下通常显现为出格的面目。一旦出格，就被判为虚玄而无用。记得早年读过报告文学《哥德巴赫猜想》，数学家陈景润就被不少人一度视为不做实事的"傻子"。如何认识无用之用，使创新破土而出、茁壮成长，尚是道阻且长。

刘斯奋：现在这种社会共识尚未真正形成。

林　岗：处于时间长河中的人，估定一物有用还是无用，往往难以拿捏准确，一眼看到的并非其真面目。事物之用并非一眼能看穿，是因为经验的可靠性在多变的社会中不那么牢固。目前这一刻没用，不等于下一刻也没用，有用和没用都是当下的判断。当下判为无用，将来或许有用；当下判为有用，转瞬又见得无用。有用无用的当下判断的准确性其实是十分有限的。

刘斯奋：所以我们要看到尚用的两面性，它也有不足的一面。而且这种根深蒂固的认识定式，还真不是一下子就能扭转过来的。

林　岗：务实要由务虚来中和一下，务虚也要拉紧务实的弦。务虚时要有务实的道理支配于其中，不然由虚到虚，坐而论道，教条主义、本本主义也行不通。

刘斯奋：就是两个方面都要有。其实务虚的"玄想"，在中国也有传统，老子和庄子就是鼻祖。特别是老子，探讨的是宇宙的本原。不过这种思想一直处于边缘地位，甚至被道教据为专利，老子也成为被神化的偶像，没有真正发展起来。

林　岗："用"就像车之两轮，一实一虚，并驾齐驱，才能走得稳。双轮并用，行稳致远，谓之真正的尚用。

刘斯奋：那你怎么看"用"在人文学科上的体现？人文学科很难转化为生产力。所以钱锺书说学问是"荒江野屋中，二三素心人商量培养之事"。他的学问就属于这一类。

林　岗：人文学科实用的一面是它的传承功能。古代人文类知识的传承靠书香世家或寺庙高僧，现代社会几乎都转移到高校的人文学科里。很明显，如果人文学科不能承担人文知识的传承，那它们就会逐渐衰亡。人文知识本身不直接作用于物质生产，而是作用于将来从事物质生产的人。所以不认为人文知识有实用性的观点并没有大错。我们只听说过"学好数理化，走遍天下都不怕"，没有听说过"学好文史哲，走遍天下都使得"。但是人文知识没有实用性又不等于没用，将知识之用看成不可或缺的虚用就好。人文知识存在的价值并不需要实用性来加持，以文史哲没有实用性而鄙薄之，那是极其有害的观点。钱锺书那段话，用旧式的语言说出了人文学问的特性。人文学问其实是没有所谓学术前沿的，这是它与科学和社会科学非常不同的地方。人文学问里所谓热点、所谓前沿事后都被证明不过是缺乏学问真知的时过境迁的学界时髦。人文学问极其依赖学者本身的知识、经验和关怀凝结而成的独特问题意识，这独特的问题意识是任何他人都无法重复并代替的，而问题意识的真实性和阐发的深度决定了该人文学问的价值。因此钱锺书说学问是二三素心人商量培养之事，不但合理而且形象生动。

刘斯奋：我觉得人类的思维要从各个方面进行深度锻炼，才能够不断提升。自然学科是如此，人文学科同样需要。

林　岗：人文学问的另一个特性是非常讲积累，要经历漫长人生的积累才能产生一小点儿学问的开悟。在数理化研究领域，二三十岁就站到了科学的前沿，做出了不起成就的事例，屡见不鲜。爱因斯坦26岁发表狭义相对论，杨振宁32岁发现杨-米尔斯定理。成就之大、年纪之轻，此事在人文学科绝对不可能。《围城》中有句话："科学家像酒，越老越可贵，科学像女人，老了便不值钱。"前半句用在人文学者身上是一样的，越老越可贵，但人文学问却不像女人，它老了也值钱，也许比不老时更值钱。人文学问高度依赖积累，从事者切忌浮躁，不可大干快上。

刘斯奋：另外我觉得当前的文化建设还要澄清一种认识。中国人曾经将文化的地位定得很高，所谓"君子喻于义，小人喻于利"。认为文化一旦与经济发生联系，就显得低俗。这是农业社会的想法。进入工业社会之后，外国人就先走了一步，他们从事文化活动就是"喻于利"。无论是电影、电视，还是各种舞台演出、书籍出版等，都作为产业来经营，不仅使经营者从中获取经济利益，还使文化产业成为国家重要的经济支柱，并形成软实力，让他们的价值观念辐射、影响世界。这方面中国就走得比较慢，我们长期以来没有这种意识。文化就是文化，与经济没有关系。改革开放以后才慢慢出现文化产业这个观念。现在文化产业很火了，动不动就说文化产业，以为什么都能成为产业，这种想法也是有问题的。其实产业是以市场为基础的，而市场能否形成和繁荣，则取决于受众的数量。最能吸引受众的，无疑是通俗文化。所谓"下里巴人，和者千百"，因此只有通俗的大众文化，才能成为产业。比如电影、电视剧，拍得好，就会有票房，有很高的利润收入，这才能成为产业。这一类文化无疑不能缺少，而且应该成为大头。因为这样才能满足广大人民群众对文化的需求。但光有广度，这个国家的文化是不完整的，除了"下里巴人"还要有"阳春白雪"。"阳春白雪"代表高度。一个国家的文化达到什么高度，靠"阳春白雪"来体现。但"阳春白雪"从来就"和者盖寡"，这就无法形成市场。如果硬把这一类文化推入产业的行列，那对从业者无疑是灭顶之灾，对中国文化的全面复兴也毫无好处。因此正确区分这二者的不同性质和功用，从而制定相应的政策，是十分必要的。当年我写小说也是这样。我决定从事《白门柳》的创作，无疑是基于强烈的艺术冲动，但有一个十分重要的支持，就是当时的广东省委宣传部部长陈越平同志给了我一个特殊政策，容许我有事就回单位上班，没事就在家进行创作。几位后任的部长都延续这个政策，才使我得以起码在前十年的岁月里一直心无旁骛，全力以赴，完成前两部书稿的创作。虽然由于职务的变化，第三部的写作只能以业余的时间进行，但是乘着前两部所形成的势头和积累的经验，尽管进程拖长到六年，仍旧比较顺利地跑到终点。这就是支持的作用。作为领导者，要有眼力，也要有胸襟，善于发现有潜力的苗子，然后给予必要的关心和扶持。而真正有志于献身文学的创作者，对物质条件的要求都不会过高。这两方面结合起来，往往会产生意想不到的收获。

林　岗：文化当然有分层。古有雅俗之分，有"阳春白雪"与"下里巴人"之别。今天可以将文化大致分为普及的和提高的。针对它们的不同，就有必要采取不同的方针对策。造就文化繁荣的目标虽然一致，但如果方式方法运用不当，有可能达不到目标。大众文化是普及性质的文化，需要有意栽花，需要落实产业政策，通过规划、组织、工程等方式来实现目标。像群众性的文艺活动，也与此相似，需要规划、需要蓝图，需要组织推动。更为大众接受的如动漫、游戏等文化，采取市场和商业的方法，效果更好。但是提高性质的文化，由于它们的产生机制与普及性文化不一样，有意栽花的方法很可能导致花不发，或者说栽花可以有意，但栽的方法需要特别讲究。您创作《白门柳》的前前后后就是一个好例子。如果不是老部长有识人的眼力，有博大的胸怀，给予创作足够的自由和耐心，过程一定不能如此顺利。如果说提高性的文化也需要扶持，那关键的扶持就是领导者慧眼识人的扶持，胸襟博大的扶持。这种扶持比立一个项、给一笔钱的扶持重要得多，也有效得多。

刘斯奋：电影电视完全可以由市场去养活它，但有高度的东西就绝对不是这么一回事。

林　岗：有高度的作品经常是无心插柳的结果，既然是无心插柳就很难通过规划化、组织化的方式来实现。

就像写文章，集体的话编个教材还可以，但有真知灼见的东西多人拼凑往往是难以胜任的。有高度的作品需要社会鼓励和活跃的氛围。有鼓励和活跃的精神氛围，才有利于激发创作者的才华和创造性。我经常听到两个短语，叫作"有高原""无高峰"。已经说了很多年了。其实我觉得做文化工作的领导大可不必这样自责。文化上的高峰不是想有就有，它是水到渠成的。就在你以为无高峰之际，高峰很可能已经在你的身边了，"不识庐山真面目，只缘身在此山中"而已。例如就在学者和评论家感叹"文学的危机""人文精神的危机"的1993年，陈忠实的《白鹿原》就出版了。营造鼓励创作的氛围，给予一定的扶持，剩下的事情交给作家本人就好。

刘斯奋：还有一种情况，就是有些艺术作品的价值当时未必被广泛认可，但多年之后却可能大放异彩。就像我们不久前所做的"区潜云草书艺术展"。这位广东籍书法家已经去世很多年了，但他的书法既守住了中国传统，又有很强的创新意识和能力。因为他的创作观念比较超前，所以在当时不被接受。现在将他的作品重新拿出来展览，大家感受到了强烈的冲击力，才公认他是当之无愧的广东草书第一人。像这种情况，艺术史上其实不少。

林　岗：您说的例子证明了有高度的艺术终究不会被埋没。艺术家对自己的创作真正有信心，就不需要太紧张。对文化创作来说，心平气和很重要，急功近利是有高度的文化创作的大敌。

刘斯奋：从事文化创作不能急功近利。

林　岗：文化创作的复杂性并不在于需要作者殚精竭虑，而在于它不按照工业品制造的流水线原理，不能想象一声令下，千军万马齐头并进，好作品就能源源不断生产出来。

刘斯奋：就像我的小说写了十几年，陈越平部长当初也不会想到我能得奖，他只是出于对年轻人积极性的爱护和支持。幸而老人家足够高寿，能够出席我的获奖座谈会，我也总算没有辜负他的厚爱和期望。

林　岗：您是千里马，陈越平是伯乐。非常难得，简直就是古老典故的当代版。

刘斯奋： 千里马不敢当，伯乐我是记住一辈子的。那种特殊政策现在就不可能复制了，这也启示我们：人生机遇往往是一闪而逝的，如果没把握住，过了这村就没有那店了。

林　岗： 是啊。

刘斯奋： 我们再谈最后一个问题。文化建设确实是百年大计，祖宗早说过："十年树木，百年树人。"树人就是让一代人长大成材，这确实要花费很长的时间，不能急功近利。但只要坚持做下去，必然会有好的结果。比如目前存在文化断层，包括六七十岁这一辈，很多人对传统文化都不太了解。当然也无须责怪，因为他们是被年轻时生活的那个时代耽误的。但现在重新提倡传统文化之后，青少年一代又重新通过课堂和课外大量接触传统文化，当这一代人成长起来之后，他们对传统文化的了解一定比前一代人深入得多、高明得多。这就要耐心等待，焦急不来。文化建设可以通过创造条件推动它加速，但想如同科学技术那样，凭借一项新发明就使社会生活发生质的飞跃，那是不可能的。就像初唐只能产生陈子昂，"前不见古人，后不见来者，念天地之悠悠，独怆然而涕下"，当时就是四顾无人的那种感觉。一直到进入盛唐，李白、杜甫等占据文学史宝塔顶层的人物才成批涌现出来。所以我们现代对文化建设也要有耐心，明白我们这代人处于文化复兴的什么阶段，只能完成什么历史任务。当前的任务是要走出鸦片战争的阴影，对传统文化重新审视认识，接起断层，为下一阶段的发展培养队伍、积蓄力量。这需要脚踏实地一步一步去做。急功近利、揠苗助长是完成不了的。

七、谈文质

刘斯奋：现在可以转入谈谈"文"与"质"的问题。孔子说："质胜文则野，文胜质则史。文质彬彬，然后君子。"文与质也是中国文化传统中很重要的一对概念。当然，孔子在这里说的是修身的问题，他认为想成为一个君子，必须淳朴的品质和文化素养二美俱备，配合得当。哪一方面畸轻畸重，都不算合格。这样一种标准要求与他作为一位教育家的身份，是一脉相承的。不过自从他强调文化素养与道德品质同等重要之后，"文"的观念和地位在中国便不断上升。文不仅在教育、用人、施政，甚至治军等方面占据了思想制高点，连秉笔为文之人的地位也被捧得很高。就像《典论·论文》里曹丕说的"经国之大业，不朽之盛事"，中国人就是这样认为的，但西方恐怕就不是这样。

林　岗：西方"不朽之盛事"大概只有神的事业才够得上吧。就连悲剧也是因为上连着神意才高贵严肃起来。贵族传统之下，舞文弄墨者是弄臣或叫作宫廷诗人，有点儿像东方朔在汉武帝的宫廷那样，文人的事在西方称不上"不朽"。

刘斯奋：是的。

林　岗：贵族欣赏悲剧，是因为悲剧带来了灵魂的震颤。亚里士多德认为悲剧能"净化灵魂"。至于日常寻欢作乐，贵族反而喜欢宫廷诗人。因为宫廷诗人能唱赞歌，他们依附在皇权之下，有饮有食，虽是弄臣，地位不高，但能博得国王和贵族的欢心，有个好待遇。除了宫廷诗人，其他作家更像是自生自灭。就像写出《十日谈》的意大利作家薄伽丘，本是小商人家庭出身，本人经商无成，靠着进入城邦主的宫廷读了大量前人作品，后在佛罗伦萨做财务管理官，成为人文主义者。西班牙文艺复兴时期的小说家塞万提斯更是颠沛流离。他的人生始于军旅生涯，因军需采购案入狱，出狱之后生活困窘，便开始模仿那时的无聊文人写骑士小说。他的不朽名著《堂吉诃德》实际上也是骑士小说的一种，有点儿类似兰陵笑笑生之于《金瓶梅》，他改造了通俗文体，使之成为案头小说。莎士比亚生于小镇，因妻子偷情，愤而离乡到伦敦闯荡。他是靠着自己的编剧天才挣来钱的。可见欧洲作家一般来自有知识有文化人群里的边缘人，他们不算社会上层，与中国士大夫的社会地位无法比肩，难以产生使命感。他们对自己从事的写作，是没有什么"不朽"之感的。

刘斯奋：画家又如何？

林　岗：在早期画家也算匠人的一种吧。

刘斯奋：绘画再不济还是一件物品，而一堆文字，连物品都算不上。所以画家是不是比作家好？（笑）

林　岗：当然比作家好。匠人确实有才，就会有大贵族，甚至教皇愿意做他们的赞助人（donator），从此衣食无忧，可以专心创作。例如教皇利奥十世就是画家拉斐尔的赞助人，教皇尤里乌斯二世，则是雕塑家米开朗琪罗的赞助人。艺术家跟赞助人也有冲突，意见不一，甚至爱恨相杀，但又相互依赖。没有艺术家，无法荣耀神；失去赞助，英雄也无用武之地。赞助人对艺术家的供养和庇护，其实是文艺复兴时期艺术大放异彩的秘密。

扯远了，言归正传。古人解文，含义就是装饰，这个理解很到位。《文心雕龙》里有三才观，即天文、地文、人文。天文就是饰天之文；地文就是饰地之文；人文就是饰人之文。古人看天地万象似乎自然含了一种审美的眼光。抬头，星汉灿烂是文；登高望远，山川峻拔、大河奔涌也是文。于是表意记录的诗文，也不能输给自然，更要有文。

刘斯奋：纹路嘛，文就是纹路的纹嘛。

林　岗：对啊，有纹路就是有装饰。无纹路，文就没有装饰。直来直去，光秃秃，就是没有装饰。

刘斯奋：有一种鸟篆，是小鸟在地上走，弄出很多花纹样的爪痕，有人从中受到启发发明出来的一种文字。

林　岗：是不是图鸟的爪痕好看，故意模仿它？

刘斯奋：象形。它完全就是一种象形。

林　岗：人类最早都是结绳记事。靠结的数量、摆置方位和朝向分别表示不同的意思。西班牙人到南美洲的时候，就看到印加人、阿兹特克人把一串一串的绳子挂在屋里。真的是结绳记事，中国古人没有说错，美洲原住民可以验证这一点。

刘斯奋：有人说印第安人就是中国商朝灭亡后逃到美洲来的人？

林　岗：应该比商朝更早，商朝时期已经有甲骨文了。《尚书》也说殷人有册有典。如果商人逃亡过去，应该把文字也带过去，但美洲原住民是没有文字的。现在比较公认的看法是，印第安人是在最后一个冰河期结束前，也就是距今约一万年从白令海峡陆路进入美洲的。可以想象，在结绳记事的年代，人类已经产生了语言，尽管简单，但肯定比鸟的歌声复杂。但是结绳记事之后，人用文字记录语言，就发生了分化。象形是一路，记音是另一路。

刘斯奋：汉字是象形文字，拉丁语言其实是象声文字。它是记录声音而已。人类是先有声音、对话，也就是语言，然后再用符号来记录语言的音节。

林　岗：第一是驯化动植物，第二是发明文字，这两件事在人类的进化路上都具有里程碑式的意义。能靠自己的本事做成这两件事的文明少之又少。有原创文字的，埃及算其一。以前有人认为埃及文字是象形字，因为有些看起来像小鸟，但其实那是音符，埃及文字是象音文字。还有就是苏美尔文明的楔形文字，靠楔形刻画的数量和方向来象音。希腊文字不是原创文字，希腊人学腓尼基人；腓尼基人学苏美尔人。一边学，一边改造。直到今天，象音文字成了人类最为庞大的文字族。拉丁文、梵文等古代语言固然象音，现代英、德、法、俄所有印欧语言都是象音。象音的原理一旦奠定，凡适宜象音的语言，就可以模而仿之。此外大概只有两河流域苏美尔人、古埃及人、黄河流域的中国人，这三个文明的文字完全是原创的，是靠自己族群的本事。黄河流域的华夏人罕见地不走象音而走象形的路，演变成为极具特色的方块字。为什么要走象形的路，原因何在？这非常值得我们探讨，它隐藏着华夏文明尚未揭示的秘密。汉字可以跨越声音、听觉的限制，靠视觉形状辨义，意味着建立在其上的统治疆域可以非常辽阔，或者反过来，这个欲求也推动了文字的统一。秦实行"书同文，车同轨"即得益于此。欧洲这么多种语言都是拼音，字母体系大同小异，但由于文字的写音相互不通，就妨碍了跨越时空的交流。即使一个欧洲人能操多种口语，也做不到隔时隔代交流信息。这样就无法形成庞大的政治实体，即使依凭武力统一，也不能长久。我觉得这个现象很神妙。直到今天欧盟还是面临这个问题，它始终都四分五裂。

刘斯奋：实际上可以这样说，中国的地域很宽广，加上人口迁移不定，不要说距离很远的地方，就连仅隔一座山、一条河的两地语言往往都不一样。

林　岗：是啊！

刘斯奋：所以没有办法用拼音来解决交流。因为即使拼出音来，仍旧可能听不懂，于是势必改为用"形"。"形"在大家眼里都一样。不同地方、不同语言的人，看到这个形就知道是什么意思，都能借此沟通。欧洲的地方小，他们的语言虽然有区别，但差别不是很大。但中国人不是这样，广东人这样讲话，北方人那样讲话，如果没有象形字怎么办？光靠声音没法沟通。

林　岗：岭南有广府话、客家话和潮州话，彼此不能以听说来交流。

刘斯奋：是啊。所以要用象形来解决沟通的难题。

林　岗：是这样的。背后一定要有一种力量来推动，使文字离开声音，保留意义。古人实践下来，发现文字的音与形不能完全脱离，那就半脱离吧。形声字就是半形半音，声旁部分已经脱离了，但形旁则没有。比如我们看到三点水旁的字，就算不认识也能猜到大概和水有关，看到草字头则猜到大概和草有关。

刘斯奋：不妨猜想一下，形的运用说不定是与声音沟通不了，就用手势表达有关系？手势就是象形的。例如汉字从"一"到"十"的造型，就显然来源于手指的比画。如果手势还表达不清楚，就摘一根草，洒几滴水，或者指一个人、一头牛、一匹马来表达。是否后来就转变成文字的雏形？当然这只是猜想，还需要做深入的考证。不过，最开始各地的文字确是杂乱无章，秦始皇就遇到这个问题，所以才搞书同文。

林　岗：六国原先也有文字，但造字原理依然是六书。秦始皇实行书同文，废了六国文字，留下自己的文字。其实如果楚国或齐国在诸侯竞争中得胜，我们的文字也可能与今天异样。尤其是楚国，战国时非常强大，足有资格做成这件事。

刘斯奋："楚虽三户，亡秦必楚。"

林　岗：这是后来说的。

刘斯奋：但说明楚国当时力量很大。

林　岗：华夏文明本身推动文字朝象形不象音的方向演变发展的力量是非常强大的。这有一个好处，书写统一而发音各地不同，既能实现疆域辽阔的国家规模，又能保留各地域的乡土情感和风俗。华夏文明写录语言的象形不象音有利于保持文化多样性，有利于容纳不同的乡土情感，也有利于发育形式多样的民俗。总之，由语言文化而创造的自由空间其实是非常广阔的。小而能容要讲气量，大而能容就要讲空间。没有空间，想容也容不了。

刘斯奋：实际上是有原因的。因为一个政权要维系这个国家，主要通过两个纽带，一个是经济纽带，另一个是文化纽带。经济纽带不够强大就必须强化文化纽带；经济纽带足够强大，文化就不妨宽松。

林　岗：是的，没错。

刘斯奋：所以当时那么强调普通话，除了有利于交流之外，也是因为当时的经济不够强大，所以对地方性的差异比较敏感和警惕。现在我们的经济足够强大，就不担心地方离心离德，反过来要保护文化的多样性。

林　岗：嗯，您这个分析很有道理。

刘斯奋：不过，与政治、经济、军事相比，文化确实是维系一个民族、一个国家的重要而根本的力量。即使前面三种手段都垮掉了，只要文化不垮，就有可能重新组合起来，在废墟上重生。中国几千年来不中断的历史，包括鸦片战争以来的历史，都是明证。而这又与自古以来中华民族就将文化置于很崇高的地位，并且强烈地以自身的文化为自豪，无疑有着直接的关系。

林　岗：与欧洲国家相比，中国简直可以说是以文立国。这里的"文"当然是广义的，除了经籍之文，更有典章礼仪之文。与之对应，文的位置一般高于武。武人、武备打仗的时候才有用，打完仗就偃武修文。武事完结，文事登场。马上得天下，但不能马上治之，古人对此了然于心，由此造成了文事隆盛、文贵于武的传统。汉初天下大定，论功行赏，刘邦以萧何功最盛，诸将争功不服，以为战将披坚执锐、攻城略地、身经百战，怎的不如未有汗马之劳、单持文墨议论的萧何？刘邦用猎人和猎狗做比喻反问：追杀兽兔的猎狗功劳大呢，还是审察形势、发出指示给猎狗的猎人功劳大？经此一问，无人敢言。在刘邦眼里，争功的诸将不过是猎狗，而辅助他取得政权而"镇国家，抚百姓"的萧何才是赢得秦末汉初争霸的猎人。文事、文化的崇高地位也一样体现在民间生活。"忠孝传家久，诗书济世长"的楹联，即便今天还可时常看见。家风醇正，宗族兴旺，民间以耕和读为两大法宝。翻译成今天的词汇，就是经济和文化。国和家的道理一样，若要长治久安，舍弃文化这一软实力是不行的。文固然虚，但还得务虚，务虚才能"文质彬彬"。

刘斯奋：除了"文质彬彬"之外，孔子又说："言之无文，行而不远。"

据我的理解，这个"文"，应该还是"文质彬彬"那个"文"，是指全面的文化素养，而不应只理解为文章的辞采。因为只有调动起全面的文化素养，作者的"言"才能获得丰富充实的、有说服力的表达，也才能产生广远的影响。按照中国传统观念，所谓文化素养，是包括文、史、哲，诗、书、画，乃至天文、地理、医道、术算等在内的综合积累。由于各人禀赋不同，可以有专精独擅，但绝不相互排斥。这其实也是中华文化的一个优良传统，但到了工业文明时代，出于提高生产效率的需要，以生产线的分工方式来重新组织这个社会，于是每个人变成生产线上的一环，进行标准化、规范化的生产。毫无疑问，这种方式对物质生产很有必要，也是划时代的社会进步的体现。但在推行这种物质生产方式的时候，我们有意无意就将它照套在精神创造领域，将精神创造也如同物质生产一样进行生产线式的分工。比如文史哲，大学里面就成为三个系，这三个系中又分出若干专业。又比如绘画，分成油画、版画、雕塑、国画，这还不够，又分出人物画、山水画、花鸟画，还更进一步又分工笔画、写意画。

林 岗：越分越细，落入匠化的窠臼。

刘斯奋：切分得这么细，对精神创造其实一点儿好处都没有，因为精神创造绝对需要综合素养。严格分工的结果是使人们的文化立足点变得十分狭窄，文化素养也变得越来越单一，心胸和视野都受到影响。不久前我曾经参观一个中青年画家的花鸟画展，那些作品就技术而言，都十分纯熟和考究。但细看之下，就发现笔墨是浮在表面的，背后并没有内涵（更确切地说，是没有文化）支撑。这种徒有其表的作品或许能取悦观众于一时，却不可能具有恒久的魅力。由此也证明：严格分工的结果，充其量只能训练出具有一技之长的专家，不可能造就大师。

林　岗： 的确如此。工业革命从17世纪算起足有300多年了，到今天社会慢慢积习了工业思维，或叫工程思维。这种思维认为把事情分门别类，分几个系统，系统下面还有子系统，越分越细，就能实现工程目标。实现具体的事功目标像做工程那样是可以的，但文化能不能仿照施行？不能一言而定。在紧急形势下或者确定了应急目标的时候，或许行得通。但文学和艺术创作从道理上讲，很难指向一个明确的目标。如果非要有一个目标，那就是写出传世之作。但文学艺术一旦纳入工程思维，以具体的意图至上，创作者的个性和创造力就难以发挥出来。

刘斯奋： 类同于物质生产。但即使是最新的工具发明，也或迟或早会被取代或淘汰，不可能是不朽之作。

林　岗：技术创造的原理与精神创造的原理有不一致的地方。精神创造追求独一无二，发挥个性，它并不追求具体明确的意图。

刘斯奋：不是实用的意图。

林　岗：是的。学术上也存在此类问题。写一本书，以工程思维布局，分章、分节落实到人，几个月到半年就能写成一部大书。比如如今的文学史，分门别类，多人协作，在很短的时间内就能写出来，但写作者的文笔、风格、观点以及统一性就难以考虑了。

刘斯奋：说到写文章，情形甚至比文艺创作更极端。文艺创作起码还要保持华彩，而写论文，往往连文采都视为多余，恐怕就更难期望传之广远了。其实在古代，不少作家都是十分重视文章的辞采的。例如汉代贾谊的《过秦论》，虽只是一篇政治论文，但由于不仅议论精辟，而且文采飞扬，因此能脍炙人口，传诵千年。还有些文章，尽管我们不太同意它的思想，但因为写得声情并茂，仍旧让人觉得朗朗可诵。所谓"文质彬彬"，其实也就是内容与形式的统一。我觉得这个传统没有被很好地继承下来。

林　岗： 没有继承下来吗？

刘斯奋： 不是绝对没有，但起码目前学界不太注重这个传统。可能受到西方叙述方式、叙述方法的影响，动辄一两万、两三万字，语言功力又不足，结果文采全无，甚至让人无法卒读。其实一篇文章哪怕没有太多真知灼见，只要文采够足，一样可以流传。《古文观止》里的文章思想性很高吗？其实不见得。但是所选文章大都做到文质兼备，各擅胜场，因此直到今天仍旧被公认为学习的范本。而现在搞学术研究的人，整天沉迷于长篇大论，认为如果不写得高深莫测就不算学问。殊不知到头来只剩下自娱自乐的份儿，或者束之高阁，期待将来某个莫须有的"知音"。当然，这件事也要允许不同的选择，未可强求。但我仍旧觉得，一个学者，如果希望自己付出的心血能够获得相应的社会反响乃至效益，那么祖宗的遗教还是值得三思的。

林　岗：我认为这个现象与科学思维过度渗透人文领域有关。科学首先求定义的准确性，人文偏不能那么准确。为求准确，事无巨细、尽量罗列，罗列到后面，连前面是什么都忘记了。其次科学讲究论证，人文则需要明心见性。有些文章论证起来旁征博引，浩荡无涯际，读来令人如堕五里云雾。这样的人文学术，既没有文，也没有质，只是一堆空言。

刘斯奋：看来在工业文明时代，物化思维作为一种霸权，对社会的影响是全面而且巨大的。这种思维固然有利，但弊端已经越来越显露出来。如果承认否定之否定是人类社会发展的一个规律，那么到了互联网时代，情况也许会迎来新的转机？

八、谈文风

　　刘斯奋：文风，即如何运用文字进行思想和审美表达的问题。在中国文化传统中，这个问题历来都受到重视。而简易明了的表达方式，则尤其受到推崇和提倡。其原因，正如《易经·系传》里指出的："易则易知，简则易从；易知则有亲，易从则有功；有亲则可久，有功则可大；可久则贤人之德，可大则贤人之业；易简而天下之理得矣！天下之理得，而成位乎其中矣。"之所以这样提出来，是因为儒家就本质而言，是一门唯物务实的学说。它"不语怪力乱神"，主张人生的目标就是"自强不息"和"厚德载物"，是"诚意、正心、修身、齐家、治国、平天下"，是"立德""立功""立言"。也正因为这个原因，"经世致用"就成了儒家对学问的根本态度和要求。

而要"用世",就必须使自己的主张做到简单明白,以便世人"易知""易从"。这样一个大原则,对中国文风的影响可谓直接而深远。孔子本人"述而不作"的《论语》固然是"大道至简"的范本,而后世一切以经世致用为目的的文章,都无不遵从这个传统。一旦偏离这个传统,滑向繁琐和故作高深,就或迟或早都会受到严厉指斥和纠正。从韩愈的古文运动到毛泽东的《改造我们的学习》,莫不如此。应当指出,这里所提倡的"简",绝不简单浅薄,而是基于对事物本质的精准把握。远的不说,就在中国新民主主义革命和社会主义建设中,曾经出现过许多具有很强概括力和号召力的至理名言,无不是准确抓住事物的本质,将精深的道理用十分简洁的语言表达出来的。

林　岗:用文字表达思想和事物应当尚简,这既是中国固有表达方式的要求,亦渗透着古人对自然社会万千事物的哲学体悟。古人正是从大道至简中领悟到用文字表达这个至简的大道亦需要采取尚简的原则,以"简"规范其文风。失去了尚简的文风,亦同时远离了至简的大道。繁文缛节、滔滔不绝的文字洪水一定淹没了至简的大道,淹没了事物的真相。古人大道至简的认知,是从对自然万象

的过程、对人类社会万物流变终极至理的反复体悟中形成
的。岁月迁流无非四季，周而复始；农耕无非谨守节气，
不背四时。至于人间万事万物，将之视为一个事物过程，
小到人生，大到朝代，其始必简，其末必繁。造作无端，
不知节制，繁到无以复加的程度，就离失败不远了。如果
没有高度自觉的尚简意识和觉悟加以节制，保持事物原初
生气勃勃的状态，就必然失去初心，加速滑向繁琐、臃肿
和衰朽。文明史上有无数案例，始简终繁，因繁而衍生出
无以救治的衰朽。这些惨痛的教训迫使古人领会保持事物
原初状态的有效原则和方法，而尚简就是这些经验归纳的
结晶。包括我们已经谈论过的中庸，也包含有相同的含
义。如何使人间事物能长久，这是古人念兹在兹的老问
题。论中庸，期望事物达到合理的平衡的状态，平衡则能
长久。简与繁也是如此，需要平衡，但这个平衡并非绝对
一半对一半，它需要顺应具体时代和需的变化。因为尚
简是针对走入了死胡同的过繁而言的，并非抽象的简，并
非越简越好的意思。古代文论的文和质一说可以说明这
个道理。质在某种程度上对应于简，而文对应于繁。孔
子说："质胜文则野，文胜质则史；文质彬彬，然后君
子。"这句话孔子虽讲的是做人，但也可用于论文。孔子

不否定文，但显然认为质更重要。缺少了质，再怎么文也实现不了其功用。文与质的均衡状态当然是最好的状态，但历史上却很难做到完美。西汉初年刘邦的《大风歌》就简洁有力，直抒胸臆，表达粗犷，只是略嫌过简。待承平了一段时间后的武帝时期，文风逐渐变得繁杂起来。大赋的铺陈形容、连篇累牍是出了名的。董仲舒《春秋繁露》里讲天人感应那套经学意识形态，也非常繁琐庞杂。文风由简变繁反映了从生气勃勃走向固化的社会变迁。

刘斯奋：是否可以说文风的变化其实与国家民族命运的变化紧密相关，与社会面临的矛盾变化相关？当国家民族出现重大危机，社会矛盾空前尖锐，必须集中全力处理解决时，简单明白、易知易从的文风就会被大力提倡，受到推崇。而且在危机摆脱后，国家和社会进入目标明确、思想认识总体一致的上升发展阶段，这种文风还会继续得到保持。但越过这个阶段之后，社会慢慢失去发展的目标和动力，变得停滞不前。文章的功能也从经世致用更大程度地转向标榜才情学问，文风也转向浮华和繁复。这种状态的出现自有其历史发展的必然性，其成果也不能一概抹杀和否定。不过到了宗法社会后期的明清两朝，生产力和生产关系的矛盾积重难返，日趋尖锐。统治集团于束手无策之余，也变得更加因循保守，结果便在科举取士的制度之下，弄出一套严格的标准化文体——八股文，规定作文题目必须出自"四书五经"，内容必须用古人的语气，绝对不允许自由发挥，而句子的长短、字的繁简、声调的高低等也都要相对成文，字数也有限制，以此扼杀一切可能动摇现存统治格局的"离经叛道"思想。这就不只是浮华和繁复，而根本是提倡确立一种"僵尸式"文风了。至于清朝统治者，除了全盘继承八股取士制度之外，还大兴"文字狱"，搞得知识阶层心惊胆战，人人自危，纷纷转向在故纸堆里讨生活，埋头于对儒家经典进行一句一字的寻根究底，结果催生出一个以繁琐考据为能事的乾嘉学派。士大夫们纷纷趋之若鹜，陷溺其中不思自拔。直到鸦片战争之后，亡国灭种的危机爆发，以救亡图存为当务之急的经世致用文风才得以重新抬头。

林　岗：历史上繁琐文风的形成往往同统治固化有很大关系。古代社会不需要科技创新，新秩序建立一段时间之后，封官授爵，盘根错节的利益格局逐渐形成，统治阶级的出路不多，只能靠越来越"内卷化"来安抚士人。

刘斯奋：就是要将他们"圈养"起来。

林　岗：没错，就是"圈养"。用什么来"圈养"呢？当然是科举功名。一方面是禄爵有限，另一面求之者众。僧多粥少，士林内卷就不可避免，而"繁"就是内卷化的结果。

刘斯奋：这是为了让这些儒生整天为眼前的利益疲于奔命，以免他们无所事事，胡思乱想，无事生非。

林　岗：为了秩序的稳固，功名利禄是有正面意义的，应当承认这在承平的年代问题不大。一旦到了四方多事的年代，问题就显露出来。因为功名利禄造就的多是苟且庸碌之辈，而社会危机需要有眼光的能人。如果有眼光的贤能人物不能带领社会，那社会就会慢慢失去活力。东汉败于党锢之祸就是这种情形，终至于让社会陷入群雄并起的局面。曹操是汉末并起的群雄之一，他面临四方多事的时代，故要开创能人登进的局面。要举贤才，就要去除花里胡哨的招数，就要大刀阔斧破除门阀制度。曹操回归大道至简，提倡简洁明了的文风，并且身体力行。因此汉魏之际，社会动乱，时势艰难，但"汉魏风骨"却在文学史上留下了浓墨重彩的一笔。尚简确实是中国优秀文化传统的精髓之一。但凡政治上有生气，文化上有创新的时期，大都去繁尚简。一时的附庸风雅是有的，但却不影响大局。吴晗《朱元璋传》里就提到朱元璋嫌弃儒生士大夫写的奏章过于繁琐，讲不到点子上，三番五次要求文风要简洁，不要废话。

刘斯奋：朱元璋是一个勤政的皇帝，当然更加厌烦这种繁文缛节，厌烦一句话能讲清楚的问题偏偏要讲十句的做法。

林　岗：初唐宫体诗风盛行。唐太宗时期君臣写诗继承了齐梁宫体诗风，辞藻华丽，堆砌浮词。但陈子昂登高振臂，呼吁去除陈言，直抒胸臆，回复"建安风骨"的刚健诗风。诗风尚简的变化及至中唐伸延到了古文，又有韩愈、柳宗元站出来倡导古文运动，使先代古文重新焕发生机。韩愈因此被誉为"文起八代之衰"的文雄。但唐代也涌现了不少经学家，经学家们比拼注释，如孔颖达《五经正义》，经中一字，注释千言万言。学问是有了，但又如何？关键是能不能解决现实的问题。

刘斯奋：也就是它不能做到经世致用，所以古文运动要"文以载道"，就必须先改变文风。

林　岗：韩柳古文运动的确有很强的针对性。当时臣下奏章和公文沿用初唐以来的骈文格式，堆砌虚言，文不及义。韩柳举起古文这面旗帜，就是为了改变朝廷和士林的文章风气。繁的文风之所以自唐代开国以来一直持续，当然得益于太平盛世，社会不见危机。但经安史之乱，朝廷的统治暴露出了问题。韩愈这样的儒学之士意识到了危机的存在，而且对中国文化传统体认深刻，于是力倡古文，翻转士林文风，由繁归简，并且将文章之道提升至新境界。

刘斯奋：按你的说法，文风的繁简是和时代的需要联系在一起的。当文是为了载道，是为了经世致用，那么它的文风必定是简的。

林　岗：是的，生气勃勃的时候必定是简的。

刘斯奋：但到了社会停滞，没有什么进步的需求也没有什么危机的阶段，文就变成一个用来打发时光、博取浮名的工具，它自然就变繁了。因为只有变繁，它才能显摆学问，卖弄技巧。

林　岗：繁琐文风的历史新高，我觉得是清朝。

刘斯奋：典型的就是乾嘉考据学派。

林　岗：讲到乾嘉考据学派，当下不乏认同，肯定的声音也很强烈，您怎么看？

刘斯奋：我觉得是否可以这样来看：传统文化崇尚的"大道至简"，其实是中国人基于农业文明形成的一种思维方式。用整体的、综合的方法来认识、把握事物，属于宏观思维。这种思维方法有利于运用全局的、长远的、发展的眼光去谋划事功，有利于在面对纷繁复杂局面时分清全局和局部、主流和支流，从而保持清醒的认识和判断。作为中国重要文化传统的这种思想方法，至今仍旧具有重要的现实作用，没有失去其光芒与价值。而西方文化侧重于探索事物发展的内在规律，用的主要是分析的方法，是一种微观思维。这两种方法其实各有长短。不过，到了工业文明时代，微观思维因为更适应科学技术发展的需要，故而在这个特定的社会发展阶段显示出它的优势。近代以来，中国知识界引进西方的逻辑实证主义，无疑是思想方法的一大突破。而乾嘉学派的治学目的虽然全不在此，但运用的方法却与此有暗合之处，或者算是一种歪打正着吧！它在今天重新受到学界一些人的推崇，原因恐怕正在于此。当然，作为一个国家的文化，如果全是单一的类型也是不够的，宏观把握之余，依然需要有人去把一些发现发明、一些真知灼见细分和细化。这种梳理也属于一种文化的积累，其价值必须得到充分肯定。所以繁与简其实各有各的侧重，各有各的功能，问题在于它们应用的时机和地方是否合适。因此文化的最高境界应该是将繁与简两者兼顾起来，有机地结合起来。现在需要探讨的是，引进西方的微观思维方法之后，我们传统的以简驭繁、整体把握事物的思想方法，在多大程度上受到挤压、排斥甚至遮蔽？特别是迄今对学术界的文风形成，其影响又如何？自20世纪80年代之后，我们经历了近代以来又一次思想解放，打破禁锢，引入了西方各种新潮的研究方法、各种高深莫测的理论。当时中国的学术界可以说是"饥不择食"，迫不及待地对这些舶来品顶礼膜拜。但是不少来自西方的所谓新潮理论，其实是出于应付学术立项的考核而刻意炮制出来的"成果"。我见过某个曾经暴得大名的所谓理论家，阐述问题的时候无边无际地漫天撒网、不厌其烦地旁征博引，但其结论只不过是"人必须吃饭"这类简单如ABC的道理。这种"学问"绝对不是大道至简，甚至也不是真正意义的逻辑实证方法，而是典型的装腔作势，借以吓人。

林　岗：赶西方后现代思潮的时髦的确是个严重问题。鸦片战争之后，"西方是中国的先生，中国是西方的学生"的定见越来越获得普遍的认同。一百多年失败的历史、衰落的历史让国人烙下深刻的观念印痕：现代化是单向度的，西方的今天就是中国的明天。只要按照"老师"走过的路，"学生"再走一遍，必定能实现和"老师"一样的国强民富。中国现代革命受马克思主义和十月革命所感召，这两者和从前说的西方虽不是同一回事，但也是欧洲的产物。总之"学生"的角色和"学生"的心态被近现代的历史实践所塑造，所加强。我们不能否认中国作为后起现代化国家因而处于"学生"地位的历史合理性，问题是这种历史合理性同时也带来了它的副作用。这也是我们必须看到的。如果我们无法摆正西方的位置，也同样无法摆正我们自己的位置。西潮的时髦、教条的时髦，相当长时间内在我国通行无阻，首先就是因为我们无法摆正西方的位置，自己也因此而无所措手足。后现代思潮的流行就是典型的症候。二战之后，欧洲的人文学问开始反思两次世界大战都发生在欧洲的原因。灾难之后有人想问题，这很正常，就像"文革"过后我们也反思一样。然而他们得出的结论是，17、18世纪的启蒙运动搞错了。反思启蒙、批判启蒙成为欧洲战后主要的思潮。随后解构主义、后殖民主义、女性主义等左翼激进思潮应运而生。他们的断症对不对姑且不谈，只说这些后现代思潮有一个共同之处，就是有破无立，有批评无建设。好像将启蒙大厦解构了，问题就自然没有了。这和中国经世致用的文化传统很不一样，是一种典型的纸上学问。这种做法只会告诉你启蒙错了，启蒙除了导致禁锢外毫无意义。当你问他们正面论述是什么的时候，他们哑口无言。后现代的思想任务其实在解构的那一刻就已经完成，学问到此为止。这种围绕自身打转的纸上学问，恰逢我们思想解放、国门打开的时候一窝蜂传进来，凭着鸦片战争后形成的"师生幻觉"，便被以为是西方最为时新的文化理论，趋之者若鹜，导致如今学问界充斥着过多空论。事实说明，当失去了追求真理的热情，被"师生幻觉"所遮蔽，借用欧美后现代思潮的观念、新词、思路来研究学问的时候，我们自然而然就生存在它们的阴影之下。后现代解构启蒙，我们解构什么呢？解构古代传统，解构新文化，解构近现代史？当这一切发生的时候，有没有人问一问，它们是否值得解构呢？解构游戏真这么好玩？解构思潮相当程度地影响了当代作家，不少作家以解构为使命，使得历史的文学呈现趋向于表现其灾难化。例如土改本是中国现代革命中一个非常重要的环节，是打破宗法制度、解放农民所必经的一步。但文学对此的呈现只剩下残酷、灾难和无理性的一面，令人遗憾。

刘斯奋： 它是从物质上摧毁宗法制度的基础。

林　岗： 作家本来应该站在自身认同的立场看历史，然而如果赶了解构的时髦，就不这么做了。丢掉了自身的立场，其文学能达到的深度和高度，极其有限。

刘斯奋：只是盯着一些具体的例子、孤立的细节。

林　岗：将土改戏剧化来呈现，突出其不尊重人性的一面。这样历史主义就没有了，一切都是戏。解构主义奉行相对主义，为否定而否定。我认为是比较糊涂的。

刘斯奋：它是为了学问而学问，以无目的为目的。

林　岗：没错。文学上为写而写，学术上为学问而学问。它们共同认可的就是绕圈圈的纸上逻辑。

刘斯奋：谈到这里，我们是否可以把学问归纳为两种？一种是经世致用的学问，一种是乾嘉考据式的学问，我们的文化所流传下来的大概也就是这两种路数。可以看出，简是适用于经世致用的，大道至简主要指的就是这个方面。同时，我们的文化历史上也存在着如经学、考据、梳理细节这条数的学问。这两条路数的学问各有其功能和作用，我们不能因为一句大道至简就否定另一方。这样，我们对大道至简的理解就会更为清晰。而近代以来，像你说的由于被西方所遮蔽，事实上我们连乾嘉学派的这种实证作风都抛弃了，也就是将认真考据再得出结论的作风给抛弃了，造成如今内涵异常空泛的现象。这类对文风的不良影响在近代有其历史渊源，但近几十年来尤为严重。它们对文风造成的弊病，我与几位有同感的朋友曾经总结了以下几条：

第一条，以艰深文浅陋。把一个浅显的问题刻意弄得隐晦曲折；没有真知灼见，却用满篇生搬硬套的外来名词术语和颠三倒四的语法，让读者头晕目眩、如堕五里雾中。这种下决心让人看不懂的文风影响尤其恶劣，危害巨大。

第二条，以抄袭冒充研究。他不下苦功去深入钻研，利用现成的数据或别人的文章成果，东摘一段西抄一节，改头换面、颠倒次序地拼凑起来，便堂而皇之地称之为科研成果。一旦蒙混过关、名利到手，便窃幸得计、乐此不疲。为学如此，实在不知人间有羞耻之事。

第三条，以繁琐支撑空洞。将一个常识性的论题放大又放大，分隔又分隔，叠床架屋、堆砌引文，美其名曰追根溯源，一网打尽。实际上是以杂碎的材料来掩盖他判断力的匮乏和思想的空洞，打肿脸充胖子，借以吓人。

第四条，以模式扼杀创造。将国外自然科学论文中的若干规矩变本加厉、生搬硬套地应用到人文社会科学中来，形成固定格式。其可笑者，例如规定引用文献的数量，又规定洋文献和本土文献必须各半。这种模式实在莫名其妙。只要将现成的结论加上一堆废话，好像机械制造一样填充到这个模具里面，就成了学术成果。在这种模式的统制下，独创之见遭到扼杀、简明论述受到排斥。其荒谬悖理，较之科举八股文有过之而无不及。

第五条，以矫情代替真情，以低俗排斥高尚。明明对生活麻木不仁，远离老百姓的痛痒，了无真情实感，却偏偏要故作深沉、大发感慨。不以真善美导夫先路，反以假恶丑颠倒众生，为了吸引眼球不惜肢解文法、灭裂文字，词语尘下、意识卑鄙。

所以近代以来，一方面由于我们自身有八股的传统，一方面加上西方那套时髦思想的引入，于是造成当下部分学界的文风如此恶劣。如今做学问的人也清楚，他们的成果除了自己所在的小圈子以外，越来越难以引起更多的关注。如果这种状态再不改变，那么它对中国文风的影响实在堪忧，因为它比乾嘉学派还等而下之。目前的状况是否有所好转不得而知，这些是我由以往的经验得出的看法。

林　岗：更有甚者，发表即弃。可能因为心知肚明，眼不见为净。

刘斯奋：他们只要发表了文章，拿到了科研基金，钱到了手就阿弥陀佛，完事大吉。

林　岗：这些文章就像古人说的敲门砖，门敲开了，砖就扔了。所以刚才您说的那几点十分中肯，那是一种洋八股和土八股相结合的杂交物。

刘斯奋：是的，这真的是一个大问题，我们废除土八股的任务犹未竟，现在还加上了洋八股，这就是鸦片战争以后形成的状态。按理说，我们国家早已走出鸦片战争的深渊，步入实现民族伟大复兴的时代。这是一个大有可

为的时代，十分需要真正经世致用的学问。而在重新认
识、发扬中华民族文化传统的过程中，如何继承"大道至
简"——这个蕴含古人智慧的把握世界和真理的方法，还
是值得我们再三深思的。

林　岗：也就是我们可以总结为两条原则：一个是坚
持大道至简的原理，另一个是辅之以经世致用之心。

刘斯奋：只有这样才能适应我们时代的需要。

林　岗：希望能借此扫清鸦片战争以来的阴霾。

刘斯奋：希望广大学界人士能够认识到，失去了知识
分子应有的使命感，只在乎物质利益，就不单单是文风的
问题，更是士风的问题。

林　岗：要扫除阴霾，首先要求知识分子自身有所觉
悟，要看到事实上这个时代在思想创见方面比上一世纪提
供了更为广阔的空间。长期笼罩在我们眼前的西方神秘的
面纱由于民族复兴和国运盛隆正在一层一层地褪去，固有

文化传统的应有形象也逐渐显露在我们的面前。站在今日的时代节点，文化创造的前景更加光明。

刘斯奋：是的，以前想象所触及不到的，现在已有条件触及。

林　岗：以往西方有如庞然大物堆立面前，一度遮挡了我们的视线。到了今天，这个庞然大物正在塌缩。不管是它们的原因还是我们的原因，总之这个变化使我们有可能看清从前看不清的风景。这是一个难得的历史机遇，不是生活在任何时代的人都能逢遇的。

刘斯奋：作为个人，最幸运的是生逢其时，否则在梦中也难以见到这样的机遇。既然命运正在发出殷切的召唤，我们如果还不抓住这个历史机遇施展抱负和才智，去开创一套属于当代中国人的学术新天地，那岂不是白来人间走一遭？

林　岗：当然这个问题也有存在悖论的一面。美景只会出现在能够洞察美的眼睛里，并非人所共见，就像马克思在《1844年经济学哲学手稿》里所说的"忧心忡忡的穷人甚至对最美丽的景色都没有什么感觉"。有些东西取决于个体自身，需要洞察诸如文风繁琐的弊端等问题，才能主动扫除阴霾，看清眼前风景。所以归根结底，知识分子的自身觉悟才是决定性的因素。

九、谈雅俗

刘斯奋：雅与俗，本质上是一个文化命题。何者为雅，何者为俗？我觉得同样要追溯到人的生存与繁殖这个本质。本来，如果人类像其他动物一样处于蒙昧阶段，只有生存、交配、延续后代的物质需求，就无所谓俗不俗。只有随着生产力的提高，人类社会形成之后，文化也同物质一样成为社会存在和发展的一大支柱时，才慢慢出现雅、俗的观念。人们把"食"和"色"这种原始欲望归类为"俗"，而把升华到精神层面的追求归类为"雅"。当然，即使是不愁"食""色"的"雅"人，也不可能完全回避这一类"俗事"，于是便想办法对它们进行包装，使之看起来不是那么直接，那么赤裸裸。

林　岗：古代戏曲用词，如"露滴牡丹开""银样镴
枪头"等，算雅了吧？

刘斯奋：这样已经比较俗了。比如"关关雎鸠，在河
之洲。窈窕淑女，君子好逑"。它说的就是追女孩，却
偏要讲得这么雅。那些戏曲、小说里的说法，其实还是俗
文化，仍然离不开形象的比喻。真正的雅不需要形象的表
述，只说"君子好逑"。

林　岗：雅俗是在对比中显现出来的。比如都是
"食"，但如果到了"食不厌精"的程度，那就算雅。比
如大家都喝茶，潮汕的工夫茶就发展了一套礼仪程式，像
我这种将茶叶放进杯里直接冲水喝的方法叫"牛饮"还
行，对比起来当然俗了。

刘斯奋：（笑）倒不至于那么严重吧！不过所谓俗与
雅，确实既可以用于判别语言，也可以用于判别行为。就
语言表达来说，对原始本能的表达越直接，往往就越被认
为是"俗"；借助各种暗示、比喻来表达，进行包装，使
它没有那么直接、那么袒露，就被认为是"雅"。为什么

我们一般认为说脏话的是俗人？就是因为脏话将"色"赤裸裸地表达出来了。

林　岗：您刚才的说法跟亚里士多德讲诗的分化有接近的地方。亚里士多德认为诗是模仿。诗由于固有的性质不同而分为两种，比较严肃的人模仿高尚的行为；比较轻浮的人则模仿下劣的行为。联系到古希腊贵族奴隶制度，所谓高尚的行为，大概就是贵族、有教养的人的行为；所谓下劣的行为当然就是下层人或没有教养的贵族的行为。希腊早期存在崇拜酒神的风俗。葡萄多用来酿酒，只有葡萄丰收了，酿酒才有原料，故他们敬拜酒神。亚里士多德认为，民间敬拜酒神的《酒神颂》后来发展出两种诗体：一种是严肃的，它关注人类命运与英雄人物的秉性，后来演变为悲剧；还有一种是取笑的，由人扮野兽，比如扮成羊，再拿他们开玩笑，以谐谑的风格为主，日后慢慢演变成喜剧。雅与俗都是由这个共同的源头产生的。

刘斯奋：我插一句。东北原生态的二人转，还有其他地区农村的农民劳动之余在说笑，多数都是这些谐谑的内容。不过如果对食与色的内容不是直露地表达，而是加以包装，就成了"雅"。而在"雅"的概念中，还有"高雅"和"典雅"之说。

林　岗：亚里士多德还有一种看法。他说：由于诗固有的性质不同，有的由讽刺诗人变成喜剧诗人，有的由史诗诗人变成悲剧诗人。按这种说法推测，亚里士多德似乎又赞成悲剧出自史诗，喜剧则来源于讽刺诗的看法。但《诗学》没有谈喜剧。现在有两种意见，一种认为亚里士多德根本没有专门讨论喜剧，另一种意见认为他讨论喜剧的手稿已经丢失了。但不论哪种结论是真的，亚里士多德由头到尾重视的都是悲剧，对喜剧评价不高。到了17世纪，法国有两个著名的剧作家几乎同时出现了，他们是写悲剧的高乃依和写喜剧的莫里哀。高乃依专门写悲剧不写喜剧，他荣登法兰西学院院士。法国给了他崇高的文学家、哲学家和学问家的地位。但高乃依晚年很凄苦、贫穷。另一位是莫里哀，专写喜剧，自己经营喜剧团。国王赏识他的才华，又喜欢他的喜剧。虽然他的喜剧辛辣讽刺达官贵人，路易十四却可以接受。他没有场地演戏，路易十四就给他建剧场。但莫里哀如果要当法兰西学院院士，那绝对不行。连死后法国天主教都不允许他在教堂下葬。

后来在路易十四的干预下，才将他葬在拉雪兹神父公墓。悲剧喜剧，一雅一俗，一贵一贱，连作家死后的待遇都不同。以戏剧为例可以看出欧洲"雅俗"的含义和标准。悲剧和喜剧是同类文体，但因风格不同而区分雅俗。由此看来，欧洲的雅俗与文体关系不大。但凡戏剧，都从风格的悲喜区分雅俗，而雅俗之别视乎题材、人物、故事而转移。这一点与中国的文学历史不太一样。中国的传统是文体本身定雅俗。诗、赋就是高级的，被视作严肃的，诗文词赋从雅，戏曲小说则俗。流行民间的乐府现在也被看作诗，但在古代，乐府仍然属于俗的文体。

刘斯奋：因为它是采风采回来的，从民间采回来的。

林　岗：民间产生的戏曲就是通俗的，小说是由说书、话本发展出来的，它就被认为是俗的。因此戏曲、小说在古代就被认为是俗文体。

刘斯奋：长期不能登大雅之堂。

林　岗：地位当然不如诗文。诗赋加上古文，构成古代时期的雅文体，简单说就是"体分高下"。而欧洲的文学传统不是体分高下的，而是由风格、题材、故事类型来分高下。前面说过西方的悲剧、喜剧之别，诗里面也有这种情况，如史诗高雅，讽刺诗通俗。中西雅俗的不同很有趣。我觉得中国的雅俗之别与它在社会生活中演变出来的那段历史有关系。中国由氏族血缘社会转变为宗法封建社会，最迟至西周已经完成这个漫长的转变。史书说周公制礼作乐，是为首创，但实际的社会结构转型一定是长期的，几乎不可能在一辈人的时间内完成。将"账"记在一个人头上，好处是方便识别。既然周公制礼作乐，必然少不了一大套礼仪程式和器物，由此构成了一套文化。建构在宗法封建体制之上的这一套文化就被定义为雅的文化。文章有《尚书》，《诗》有三百篇。而凡与宗法封建体制距离较远的曲巷民谣、闾里小调，又或山歌花儿，那自然成了俗文体了。看来，社会的分层和文化的分层是相呼应的。

刘斯奋：我插一句，谈一下为什么会这样。商朝的时候，人们始终认为祖宗就是神，所以祖宗就具有跟神一样的地位。周取代商，就有点儿解释不清了。既然祖宗是天神，为什么会让周人取代，凭什么取代？所以周人要解释这个问题，论证我取代他是有道理的，因此就将祖宗与天分开了。祖宗若积德，则天佑你，不积德，天就不佑你。所以将祖宗世俗化，所谓的"唯有德者居之"，由此将其变成自己取代殷商的一个根据。这就跟西方很不一样。

林　岗：我们没办法知道西周初期文化突破的细节，例如具体的礼仪典章是怎么回事。但可以肯定的是西周统治者推行封建宗法之际，一定强制推行，诉诸暴力，以威权镇压不可避免。如同棍棒出孝子的道理一样，顺从靠镇压来培养，不服从就杀头。西周青铜器的纹饰，都是恐怖的、狞厉的、战栗的和神秘的风格，具体表示自然界的什么事物，不得而知。仅仅认为它表示超自然力量的审美感受，这是肤浅的。此类借表现超自然力量形式出现的形象实际上正反映了人类社会制度的血腥高压和强力威权。人这个种群历史演变的历程一定要经过一个这样的阶段，它不可避免。越是往上追溯到初民社会，就越是通过杀戮和奴役来建立统治。当政权的雪球越滚越大，它也同样要依赖强势暴力，一定要经过这种高强度的"驯化"才能去除野性。就像人驯化狗和猫一样，由野生变为家养，这过程棍棒不可少。孔夫子认为周是"郁郁乎文哉",应该是指礼法制度成熟并运行一段时期之后的情况。西周封土建侯,通过王亲功臣的分封将上层雅文化带到原来由蛮夷统治的辽远之地,而原来蛮夷之地的文化自然就居于下流的位置而被称为俗。由此文化推广的方式也产生了雅俗之别,文化分层形成雅与俗、上与下之别。从《诗经》看,颂和大小雅都属于"雅"。它们都是交朋友、酒宴、祭祖时唱的诗。十五国风里面的《周南》《召南》也归属于雅,因为它们因"王化南渐"而起。周人最早经营八百里秦川,后来翻过秦岭来到汉水上游,周人称此为"王化南渐",产生了《周南》《召南》,因此孔夫子认为这也属雅体。

刘斯奋: 这种雅,应该也是"高雅"。因为很大程度是由所谓先进文化的地位因素所决定的。

林 岗: 先进文化,这个词用得好。对豫西平原以东、以北、以南那些地方来说,西周文化就是先进文化。

刘斯奋: 所以对周边的地区有强烈的辐射力和吸

引力。

林　岗：周文化东渐、南渐，都被周边的文化承认为"先进文化"。《左传·襄公二十九年》记载了一个故事。吴国公子季札往聘鲁国，顺便观周乐及诸侯国乐。鲁国君让乐工一一演奏，季札听过，给予点评。他对《大夏》《颂》《大雅》《小雅》等雅乐评价甚高，偏偏对《郑》有微言："美哉！其细已甚，民弗堪也。是其先亡乎！"好听是好听，可惜是亡国之音。季札的预言果然验证。郑卫之音所以不行，因为它无雄健刚毅之气，透着市井靡靡之音，故谓之亡国之音。

刘斯奋：郑卫之地安置了殷朝移民。

林　岗：周的礼乐文化扩展的时候，将殖民拓展之地的文化压在下面，它自己的先进文化充当上流，就产生了雅俗之别。

刘斯奋：说完文雅、高雅之后，还不妨谈谈"典雅"。这个概念应该与时间有关，是指经过历史的积淀所形成的那种具有经典品格的审美。例如中国的古典诗词、古典戏曲，西洋的古典绘画、交响乐等，尽管在其兴起的当初并不被认为是典雅的，但时至今日，随着其地位被新的文艺品类取代，而与受众当下的审美趣味和表达方式产生了距离之后，就被赋予了典雅的色彩。

另外，有意思的是，与"雅"相对，"俗"也有"通俗""低俗""恶俗"之分。如果承认"雅"与"俗"是以对精神和物质的追求为分界的话，那么所谓"通俗"，就是指表现广大民众的日常生活——柴米油盐、家长里短、婚嫁养育、生老病死，以及由此引发的各种喜怒哀乐。虽然不一定有更高远的精神追求，但仍旧守着文明社会的道德底线。至于"低俗"，就是这条底线被尽量边缘化，社会生活成为醉生梦死的展览；而被斥为"恶俗"，则是干脆越过底线，以任意胡闹挑战文明社会的正常认知。

另外，在中国人的观念中，经过岁月的淘洗，被时间蒙上了一层"包浆"之后，通俗的东西也会变得古雅。例如敦煌壁画、唐代的变文、古代的佛像和工艺品、宋代的曲子词、明代的戏曲和小说之类。

林　岗：典雅应该是个后起的概念，约略相当于王国维说的"古雅"，典范而高古的雅。典雅之美一面建立在社会层级差别的基础之上，另一面又建立在长久流传、日益精致完美的历史积淀上，因此显得古色古香。可以想象，青铜礼器在西周天子威权尚在的当日，应透着高雅而不是典雅的品位，但待到两宋金石学兴起，西周青铜器物无不透出典雅之美。同样，赋始于楚辞，屈原个性飞扬，直抒胸臆，难说它典雅。但到了两汉，那些长篇铺排的大赋，就洋溢着典雅之美。一般来说，典雅一定渗透着浓厚的古典主义气质。文艺的演变到了追求典雅之美的阶段，就进入了比较固定的程式，难以翻出有生气的变化。如明代诗人模唐范宋，以唐宋为不可逾越，故只能以复古为翻新。幸而文化与社会阶层一样，存在上层与下层相互转换的流动。社会阶层的流动性事实上有助于雅俗逾越界限。大俗可以成大雅，反过来大雅也可以变成大俗。在文化的上下层流动中，下层对上层的影响很大。因为那些富有教养的士大夫，本身尚雅但不避俗，因缘际会，遭遇下层社会的文艺形式，便会加以模仿、吸收、改进，将它们提升起来。诗词、戏曲、章回体小说等，都有此类例子。

刘斯奋：是啊，不用追溯到很早，就说宋词。宋词源自勾栏瓦舍，即城市的演出场所。歌女们演唱需要不断有新曲子提供，于是带起一帮以此谋生的写手。这无疑属于民间的通俗文化。后来一些风流文人也渐渐参与进去，审美层次也逐步提升，但很长时间曲子词仍旧属于不登大雅之堂的俗文化。视演唱场合的情形，可以写得雅，也可以写得很俗。例如大名鼎鼎的周邦彦，就有些词写得很俗，甚至色情。还有欧阳修，在他名下也有很俗很色的作品。虽然据说是有人为了败坏他的名誉冒名而写的，但既然这种说法能够让人相信，说明在当时的社会观念中，写词本身就算不上多么高雅的、需要特别维护的行为。直到南宋灭亡，曲子的唱法在改朝换代的战乱中完全失传，词也就变成只能阅读的案头文学。由于彻底脱离了民间的土壤，成为文人、士大夫的专利，词才彻底地"雅"起来。

第二个例子是戏曲。戏曲的演出对象本来也是普通民众。起初从事创作的也都是下层文人，而不是有地位的士大夫。但与曲子词一样，经历了宋元两朝，到了明代，尤其是明末，一大群士大夫文人却开始参与写戏。

林　岗：为什么士大夫要参与写戏？

刘斯奋：我估计有两个原因。一是诗词已经写了一两千年，内容、形式都已被前人写遍了，想有新突破很难。而戏曲兼有诗和词的元素，对文采要求不低。特别是宋代曲子词的唱法失传之后，对文人士大夫来说，戏曲便成为慰情聊胜于无的替代品。另外作为一种新兴文艺品种，戏曲还需要塑造人物和编排情节，这对作者的才情更是一种新挑战。因此他们愿意尝试。

另一方面就是，在江南一带，商品经济发展后，市民阶层兴起了。他们从事经济活动之余，也需要文化生活。作为绝大多数还是文盲的一个阶层，他们未必会欣赏诗，但能欣赏程式化、脸谱化、忠奸邪正分明的戏剧，因此写戏能取得很大的社会影响，甚至超过写诗作文。例如被骂为"阉党余孽"的阮大铖，其实诗写得很不错，但远不及他写的戏剧有名。一出《燕子笺》，引得满大街都在唱——"户户齐歌《燕子笺》"，因此也吸引了不少文人参与。

林　岗： 中国文化史上雅俗的流转，体现在下层俗文艺提供了表达形式，成为文化土壤，而士大夫则将雅趣味灌注于民间通俗的文艺形式中，提升了通俗文艺形式的趣味，使之雅化。效仿的人多，大雅也随之化为大俗。

刘斯奋： 是的。所以有"附庸风雅"之说，就是讽刺这种雅，只不过是追求虚荣的庸俗行为。还有，在西方悲剧是雅，但中国就不是这样，喜剧可以是雅的，悲剧也可以是俗的。我们中国对于雅俗有很明显的一条线索。一切都从俗开始，从民歌、山歌、民间舞蹈，到唐五代和宋的词、元曲，再到戏曲、小说，开始时都是俗的。文人士大夫有修养，注重形而上层面的精神追求，这批人加入创作后，俗文学就雅了起来。

林　岗： 观察中国文化史、文学史，应该注意到民间提供了源源不断的活力。

刘斯奋： 这个也是很有意思的。文人加进来，文学就雅起来。雅与俗的这种碰撞和结合，会出现一个雅俗共赏的阶段，进而推动这一艺术形式达到高峰。但随着身价的提升，作者们对"雅"的包装行头也越来越重视，而与民间的俗文化渐行渐远。脱离生气勃勃的原生态活力的结果，就只能是躲进自造的象牙塔中去玩形式，乐此不疲地在细、密、深、曲上下功夫，最后走向形式主义。而走向形式主义，艺术也就走上了末路。

林　岗：西周礼乐文化的命运也是这样。周人对先祖满怀虔敬，慎终追远，礼仪形式在尊祖敬宗的氛围下逐渐发展完善起来。但因袭既久，感情逐渐稀薄，礼仪形式随之僵化，原来生气勃勃的文化变得徒具形式。那些贵族公侯都将周天子的礼仪当作表面文章，于是礼崩乐坏的时代就到来了。胆小的作揖如仪，视如羔雁；胆大的"八佾舞于庭"，逾闲荡检。到了这个地步，精神丧失，形式僵化，礼仪便走向逐渐衰亡。

刘斯奋：这很有趣。我们谈的是这样一种循环，由俗而雅，雅之后产生高峰，然后走向衰亡，但其意义和作用也不是归零的。一个文化品种衰亡后，就变成一种遗产，作为一种土壤、一种营养来滋润下一个品种，就像诗文滋养词、词滋养戏曲、戏曲滋养小说一样。当然，目前中国的小说创作也没有真的走到高峰，它也需要一个雅化的过程才能达到高峰。我觉得要完成这个过程，可以从三个方面考虑：一是向古文的审美高度靠拢，促使当代的白话文小说语言进一步成熟和精致；二是向古典格诗文的写作借鉴，把握起、承、转、合的内在节奏，解决结构松散的通病；三是向传统的戏曲取法，借鉴独唱、背唱的心理描写来处理人物的性格塑造。这也是我写《白门柳》时的感悟。

林　岗：白话文的雅化的确是个问题。现代白话从五四新文化运动中产生，到现在超过百年。语体文的历史当然很短，相较被它取代的通行既久的古文，白话文是俗的。白话文的登场伴随着富有良好传统文化教养的几代人逐渐退出，诗词戏曲和古文的滋养在新一代人那里逐渐成为问题。语体文的门槛没有那么高，固然有上手快的优势，但也存在缺乏打磨、文粗语滥的毛病。使用语言滥俗的毛病近数十年又随着互联网和电子产品的应用变得更加严重。粗词滥语侵蚀了语体文，文既不美，也难传之久远。新诗百年，大多写了个寂寞。小说不堪卒读的也不在少数。在悠久的古诗文传统面前，当有愧意。现在我们的语文水平退步太多，退步太快，再不好好反省，雅化语体文，恐怕无法向灿烂的古代文化传统交代。您说的取法古人，向古文靠拢，我十分赞成。这个事情需要自觉，自觉的人多了，才有转机。

刘斯奋： 我想再谈一个问题，就是"俗"的力量。例如写歌词，如果求"雅"，那么在语法、表达上都要严守规矩，才行得通。但很多流行歌曲都写得随意，根本不需要什么标准语法，也不需要通。通反而不能流行，不通反而能流传。你说是不是？

林　岗： 这个算不算"反者道之动"？

刘斯奋： 你看黄霑那个"沧海一声笑，滔滔两岸潮"，还有港台一些流行歌，从语法上考究往往是不标准的，但它就是能广泛传唱。

林　岗： 打破常规，给人新鲜感，让人眼前一亮。

刘斯奋： 就是狂呼乱叫，一种本能的发泄。本能发泄确实不需要规矩，要规矩的话反而不是本能的发泄了。

林　岗：《文心雕龙》有个说法，叫作"辞浅会俗"。浅白的词天然接近俗的、老百姓的趣味。我在西藏民院的时候，傍晚散步时常爱驻足听路边闲众唱陕北酸曲。酸曲那些话，无法按照语法套它。不该重叠的时候偏重叠，该重叠的时候又不重叠。你猜到它的意思，在明白与不明白之间，便照它的话顺下去。若求字词通解，又直如鬼画符，根本不可能。酸曲言辞表达的味道就在那里了。所以，雅化与俗化是语文变迁的两个不同方向，可以同时存在，各有各的道理。雅化得好，俗化得成功，都可以见出作者的创造力。

刘斯奋： 俗的东西就有这种特色。他们也不只是讲饮食男女这么简单，还有语言的力量在其中。

林　岗： 陕北酸曲用粗陋的方法突破完整性，撕裂语句通常的表达方式，还原了感觉的原始性、粗糙性，使它的表达别有质朴、大俗而接地气的味道。历史地看，文艺的表达形式不能长久不变，只有相对固定。即便是相对固定，也提供了艺术反叛的可能性。表达方式突破了固定的惯例，做成了，走出了不同的路，如被接纳，就实现了表达方式由俗到雅的提升。

刘斯奋：不受拘束，无法无天。

林　岗：俗的审美将活泼泼的力发挥出来，这是精神和审美的解放。雅是束缚，是讲究，是形式化。俗是松绑，是突破，是不讲规章。雅与俗这时成了艺术创新的一对矛盾。对创新来说，两者都需要。

刘斯奋：这种活力是充满生气的东西，它们爆发出来，也为雅提供生命的力度。最凸显人本质的就是袒露，一旦穿了衣服就雅起来了。

林　岗：（笑）是的。

刘斯奋：（笑）越往雅发展，人穿的衣服越复杂，各种帽子，各种鞋子，涂脂抹粉，金饰满身。因此雅也是一

种规则，是一种束缚，雅发展到最后也被规则束缚到不能再发展。（笑）

林　岗：确是如此。

刘斯奋：不过，还可以补充探讨一个问题，就是那些"雅"到濒死的文艺品类，是否有重生的机会和可能？如果以鸦片战争为限，那么文章也好，诗词戏曲也好，确实已经奄奄一息，几如泉下之人。但由于遇到"三千年未有之大变局"，却意外地被注入了一股生气。由于西风东渐，也由于民族面临生存危机，起码有一批先知先觉者，其思想意识受到强烈刺激，开始发生裂变。这种变化也反映到文艺创作中。无论是古文、诗词、戏曲，还是绘画、音乐，都涌现出一批冲破象牙塔、回归大众、直面社会现实的作家作品。虽然是强弩之末，在五四新文化运动兴起后，这个以"雅"为标榜的残局还是走向了终结，但是如果仔细寻索，却不得不承认，它其实仍旧发挥了承前启后的作用。

林　岗：濒死的文艺品类能不能重生？濒死就是未死

透，还有一口气。这口气能延续多久，不得而知。一种
文艺品类退出舞台，可能要经历漫长的历史过程。五四将
旧诗定为旧文学、死文学，以为将不久于人世，怎料如今
喜爱写旧诗的人还不少。发起新诗的闯将以为诗体可以以
新代旧。今天看来，新诗试验并不能取代旧诗，只是诗体
的"花开两朵，各表一枝"。哪一枝长得粗壮茂盛，如今
都不好下结论。至于文艺品类的死亡，我以为并非一走了
之，永不现于人世。它更像打碎了的七宝楼台——整体不
存，碎片犹在。碎片当然还能为有心人所用，拾将起来，
重新构思，镶嵌在新起品类里面——例如在马赛克装饰里
发挥新作用。旧品类虽然退出了生存的舞台，但它身上的
碎片亦为后来艺术家所用。在这些新品类艺术身上，我们
又看见了旧品类的身影。它们是死了还是活呢？不能一语
道尽。旧艺术所以能源源不断滋养后人，就是因为后人能
在它身上寻找到有用的碎片、有用的元素，以后人的创造
力合成新品。这大概也是文化传统的价值所在吧。

十、谈小说

林　岗：我曾经将中国叙事传统划分为书斋案头的和口头说书的两大类。中国与外国的叙事文学有个很大分别。外国写的文学都是从先前的口头传统来的。文学产生在文字之前，先有文学，再有文字。待到文字产生以后，用成熟了的书面语记录整理传唱已久的口头文学，于是产生了第一批文学作品。最早的苏美尔史诗《吉尔迦美什》是这样，希腊史诗《伊利亚特》和《奥德赛》也是这样。中国少数民族史诗《江格尔》《格萨尔》《玛纳斯》也都是这样产生的。但用此眼光看汉语文学，我们就发现没有类似的史诗传世。这就产生了一个难题：这是怎么回事？有学者认为像《诗经·公刘》就是汉族的史诗。但这显然误会了史诗真正的含义。有叙事性质的诗并不就等于史诗。史诗的首要性质在于它的口头性，其次是娱乐性。《公刘》等诗是严肃的祭祖用诗，歌颂祖功祖德，不仅没有口头性，而且也毫无娱乐性，与史诗的构成相去甚远。我的看法是汉族先民没有史诗传统，口头文学的形式仅限于抒情短章，如各类山歌。

刘斯奋：这应该与汉族是农耕民族有很大关系。农耕民族劳动强度大，在田里从早忙到晚，劳累得吃完饭就上床睡觉。至多就是瞅个空儿唱几句山歌。不像游牧民族的生产方式是对牲畜实行放养，因此有更多空闲，天天聚在一起编故事听故事。

林　岗：中国也有口头讲故事的传统，例如说书。不过是后起的，是由佛教东传行脚僧向信众宣讲佛本生故事带起的。我们从今传敦煌变文可以看到这个说唱传统的最早形态，而从各地流行的说唱文学如河西走廊的宝卷等，可以看到这个说唱传统本地化之后的形态。行脚僧宣讲，本就是口讲与偈颂兼具的，这影响了后来韵散并行的说书形式。后来文人模仿民间说书形式，超过百回的奇书文体最终成熟。《三国》《水浒》尚是在讲史说书基础上整理、删改、增篇而成的，像《西游记》《金瓶梅》仅有小部分来自说书，大部分属于作者创作。到《红楼梦》以后，小说创作完全洗尽了说书的铅华，归入文人的书斋事业。那些"花开两朵各表一枝""下回分解"之类，只是个别语词的残留。

刘斯奋：我觉得中国小说存在三个叙事源头：一个是说书源头，它是从你刚才说的口头说唱延伸而来的。后来发展为讲史，又与史传叙事合流。另一个是文章源头，包括笔记小说、唐人小说，以及后来的《聊斋志异》《阅微草堂笔记》等，都是用文言写作，作者也是用文章的笔法来写小说的。还有一个是戏剧源头。戏曲在明、清两代以后，对小说创作的影响还是比较明显的。不妨举《红楼梦》为例。《红楼梦》基本上只写人物对话，心理活动很少。这是戏剧的最大特点。戏剧也是通过台词来演绎情节，偶有几句独唱或背唱抒发一下内心，而将大量的人物心理活动留给导演去揣摩演绎。《红楼梦》的写法与此类似，结果让读者人人都成为导演，由此引出各种不同的解读，"红学"也因此变得非常热闹。又如"贾宝玉题试大观园"那一回，也是写走到一个景点，评说一番，接着走到下一个景点，又评说一番，一个一个地评下去，这种表现手法也与戏曲的舞台调度十分类似。

林　岗：戏曲是代言体艺术。角色的唱词、念白首先得符合该角色的身份设定，表演起来自然难以表达心理活动，心理活动只能间接传达，不能直接让角色直白地说出来。人物的心理活动对作者来说，属于"代想"，按理说，小说表现起来，应该得心应手，并不困难。但传统小说缺乏角色的心理表达，可能有两个原因。首先，话本、章回从说书传统延续下来，心理表达这块本来就弱，不易发育。其次，传统戏曲太过强大，明清文人之有名者几乎都与戏曲沾点儿边，这也不利于小说"代想"的发育。

刘斯奋：是的，特别是到了清朝，观剧之风不仅在民间，而且在宫廷也大为兴盛。满洲贵族向往中原文化，但在早期，诗词歌赋对他们绝大多数人来说，毕竟艰深了一点儿，于是通俗的戏曲便特别受欢迎。随后便有徽班进京，由此带动一时风气。小说创作也受到影响就不奇怪了。

林　岗： 我知道您对《红楼梦》研究有几个疑问，讲一讲如何？

刘斯奋： 我不是红学家，完全谈不上有深入研究，只是在阅读过程中感到有几点疑问：例如关于此书的作者，胡适一口咬定就是曹雪芹。小说中却说得很清楚，稿子是刻在一块石头上的，这石头（石兄）是原作者。后来由"空空道人"抄下来，取名《石头记》，后又改名《情僧录》。这里的"记"和"录"，就是"空空道人"表明自己只是记录者，而不是作者。后来到了东鲁孔梅溪手里，才给这份手抄稿取了《风月宝鉴》这么一个小说化的书名。最后交到曹雪芹手里，由后者披阅十载，增删五次，并再度改名为《金陵十二钗》。这样一条成书的来龙去脉，虽然简略，但仍旧将每个环节都交代得很清楚。曹雪芹从来没有说自己是原作者，只承认是对"石兄"的稿子披阅和修改。

林　岗： 那也有可能他自己就是石兄啊？小说家言嘛，弄点儿狡狯也是常有之事；另外因言获罪的教训也使好言者有所戒备？

刘斯奋：既然已经明言"披阅十载，增删五次"，即使不是原作者，起码也承认是半个作者了。狡狯也不是这样弄的。如果真要狡狯，就应该像《金瓶梅》的作者兰陵笑笑生，至今都搞不清他的真实姓名。至于说是为了避祸，如果此书触犯文网，即使仅仅是"披阅增删"，也足以问罪。更何况他将自己的大名明明白白地标出来，所以不存在避祸的考虑。在这种情况下，曹雪芹不厌其烦地交代，是出于中国传统文人的道德操守，不肯掠他人之美。我们为什么不相信他，一定要说就是他写的呢？其实，这样的事例在文学史上并不鲜见。某个人有丰富复杂的人生经历，但写作能力有限，只是很粗糙地记录下一大堆事情，然后就由别人来帮他润饰加工。我们有几部红色经典就是这样"合作"而成的。《红楼梦》的成书过程也大概如此。不过那几部红色经典是只标明原作者，而披阅增删、修改润饰者都不具名。《红楼梦》却相反，原作者"石兄"却宁可完全隐身，而且为了不让人认出字迹，甚至请人重抄一遍。而抄稿者无疑是与他关系密切的亲友，也用了一个"空空道人"的假名。这样一再防范的缘故，显然是因为他本人出身贵家望族，而这部《石头记》所记录的涉及不少"家丑"，担心如果身份暴露，会"辱没家门"。这也是时代观念不同使然。

林　岗：您讲到的这个事，让我想起了苏联文学史上一个很有名的公案，就是肖洛霍夫《静静的顿河》。它的作者到底是谁？有一种说法不认为它是肖洛霍夫原创的。肖洛霍夫年轻时做过文学杂志编辑，无意中得到一部写哥萨克的手稿，作者又离奇消失了。肖洛霍夫就在手稿基础上增删改写，完成《静静的顿河》。如说有破绽，那恐怕就在故事主角。很难想象一个苏联作家、作协书记处书记，在社会主义现实主义创作氛围下将故事的主要人物设定为哥萨克，这不仅与时代气氛违和，也没有第二个例子。可是没有人出来叫板，就不能排除肖洛霍夫原创的可能性。它成了一个破解不了的公案。

刘斯奋：许多年前我见过一个报道，说是原作者——一位已故俄国作家的妻子曾经公开提出抗议，并一度引起了关注，不过后来却不了了之。

林　岗：总之，小说被公认为文学成就很高，得了诺贝尔文学奖。抛开得奖与否，光看它的文字，也是写得很好的，尤其是顿河风光，写得十分漂亮。——那么，关于《红楼梦》第二个疑问是……?

刘斯奋: 第二个疑问就是，这个"石兄"的稿子，曹雪芹虽然明确地说到是"披阅十载，增删五次"，但时至今日，我们所见到的本子，或者并不是最后的定稿。因为其中很多"接缝"还没有理得很顺当。譬如说第十一回，秦可卿病重，王熙凤去探望她，之后的文本就写她走到后花园里目中所见的景致。这一大段景致的描写与人的心理完全脱节，照样描写得很美，秋光很好，而王熙凤则"一步步行来赞赏"。这与她当时应有的心理状态完全不符。

林 岗: 这是精读文本的发现。作者不同，叙述有差异，手笔的痕迹正可以在这些叙述的缝隙中显露出来。

刘斯奋: 对，就是和心理脱节的。另外一处更奇怪。写到秦可卿死了之后，风光大葬，还被封为"龙禁尉"。她的死，其实是因为和贾珍"扒灰"被人撞破，羞愧而自杀。最初这故事是"秦可卿淫丧天香楼"，后来才改为病死，维护了秦可卿的形象。这场风光大葬里，贾珍就哭得像个泪人儿一样，也因此留下了两人关系非比寻常的痕迹。令人不解的是，在整个从死亡到送葬的一大段叙述里，作者对于秦可卿的丈夫——贾蓉有什么言谈举动，竟然没有一个字提及，让他完全隐形。从小说创作来讲，这是没有道理的。

林　岗： 从第五回到十三回秦可卿死的这段情节，读时确实有接续不畅之感。秦的死该是一大段故事，应当好好铺陈笔墨才对得起警幻仙子十二曲讲秦可卿的那句"情天情海幻情深，情既相逢必主淫"。但实际上全无"幻情深"和"必主淫"的故事。第十回一段情节讲秦可卿卧病延医，第十一回一段讲凤姐看望，接着第十三回秦氏托梦凤姐病殁，然后风光大葬，叙述突兀，难以捉摸。您这样一说，在不完善中找出初稿和批阅不同的痕迹，似乎有理，可供红学家们参详参详。

刘斯奋： 还有第十六回，写到秦钟之夭亡。这秦钟是秦可卿唯一的弟弟，以王熙凤与秦可卿生前的深密情谊，哪怕对秦钟的行为不满，也应该有所表示。但竟然连带贾珍、贾蓉等至亲至戚，全都不着一字。我觉得出现这种情况，要么是对"石兄"的原稿或者"空空道人"的抄录本增删补缀未完善，要么是我们今天看到的本子并不是曹雪芹的最后定稿。

林　岗：学者读小说和作家读小说就是不同。学者读小说时，潜意识假定文本是合理的，很少注意叙事的缝隙，即便发现也多数把它当作行文的缺点。您的作家读书法倒是给我启发。

刘斯奋：当然我们只是读者，不是研究者，姑且提出一些可供考虑的疑问。

林　岗：现在回过头去继续谈谈中国小说的三个源头吧。我觉得应该分两部分。如果以古代的标准，文章的祖师就是《尚书》。《尚书》中的篇章有偏于记事的，有偏于记言的。记事的与后来的"史传"比较接近。说史传体是从里面分化出来的，大概不会错。记言的似乎与后来的文言小说有近似之处，但小说是不是从记言体中分化出来的，则不好说。因为记言体所记的"言"都是实实在在的，小说里的"言"实在的极少，荒诞、夸张、虚构等违背日常感知的地方比比皆是。我倾向于它们另有来源。大概与严肃的文产生差不多的时间，也存在一种夸诞的文。其祖师有可能是《山海经》一类的东西。《尚书》文是雅文，夸诞文是俗文。这类俗文在战国时被称为小说，特点就是街谈巷议，鸡零狗碎，文不雅驯。比如哪里生了一头五条腿的猪，哪里的公鸡下了蛋，母鸡又打鸣之类。古人很喜欢记载神怪之事，或以为谣谶，暗示人间反常，老天降灾异而示警。其事真伪无从索求，其文不能辅助治国安邦。于是别立一宗，叫作小说。从词义来看，小说是与大说相对的。什么是大说？大说就是有家传，有渊源，能经世致用的"说"，比如战国之世的儒、墨、法、道等。但其中《庄子》的寓言则是偏于小说了。后来将文人的笔记，如归入不了史传的《世说新语》《搜神记》之类也列为小说。这个小说传统绵延不绝，直到清代的《阅微草堂笔记》和《聊斋志异》。它形成之后当然受到史传的强烈影响，实写的要素渐变渐强，但它的内部始终实与虚并存。

刘斯奋：小说也有所谓"微言大义"的。虽然是"志怪记异"，但也以"淳风俗，正人心"为标榜。

林　岗: 另外，您提的戏曲影响小说创作问题很有意思，《红楼梦》的"题试大观园"一回，居然是按照戏曲的舞台调度布局，我没有想过。至于戏曲影响其他文体如八股文，则是公认的。钱锺书就说过，八股文"以俳优之道，抉圣贤之心"。又说，"八股文实骈俪之支流，对仗之引申"。小说文体成熟在后，广纳各种文学品类的原理和修辞特征为己所用，也在情理之中。古代小说从敦煌变文时起就韵散并用，诗词兼入叙事，到了明清简直无诗不成叙事，叫作"有诗为证"。最为极端的当数《西游记》。《红楼梦》也不遑多让。由此看来，古代小说中的戏曲修辞真是值得有心人好好挖掘。

刘斯奋: 除了源流，中国小说的表现形式其实也很有特点。基本都采取一种线性的结构。多数都是把一个故事说完了，才转入另一个故事，很少互相穿插、交叠。最典型的是《儒林外史》，基本上是由一篇篇短篇小说构成，虽然号称是长篇小说，但故事与故事之间并无有机的联系。之所以出现这种特色，我觉得与中国长期以来是农业社会有关系，农业社会最常见的生活场景就是小桥、流水、人家，一路走下去，中途累了，歇歇脚，再走。中国绘画的散点透视也是这样的表现方式，一路走来，看到什么就画什么。至于穿插、交叠、勾连、倒叙等手法，需要一种工业生产的复杂思维，古人还不具备。

林　岗：陈寅恪也提出过类似的看法。他认为中国的长篇章回小说的结构性很差，与西方小说难以比肩。但他所推崇的古代小说，让我大感意外。他认为稍微有些结构的是《儿女英雄传》。文学史上的评价认为《儿女英雄传》的观念陈腐老旧，唯独可取的是白话流畅。文康是旗人，被任命过驻藏大臣，他本身就有语言优势。陈寅恪所说的结构，应该是亚里士多德情节（plot）的意思。《儿女英雄传》基本上是一个情节贯穿到底：书生落难，遇见女侠，女侠为书生排忧解难，竟以身相许。情节有内在的完整性，故事线索不乱，故叙述事件是完整的。与"三国""水浒""金瓶""红楼"等以众多事件"缀段"组合而成的长篇故事确有不同。当然这只是我的揣测。在西洋小说的故事讲述中，情节处于中心位置，事件完整，与古代小说的"缀段"原理完全不同。陈寅恪作为学问家也读通俗之作，可能是留学的时候看了不少西洋小说，由此而形成传统小说结构性差的看法。

刘斯奋：不过中国的古典小说虽然结构比较单一，但是思想内容却十分丰富多样。这也许是因为与西方单一的宗教文化不同，中国是儒、道、佛三家并存而且合流。这种文化格局无疑也深刻地影响着小说作者，使他们在创作时兼收并蓄，神思飞越，写出了《西游记》《封神演义》这一类充满奇思异想的作品。从而使中国的古典小说，与同一时期还停留于表彰好人好事的西方小说相比，显得大异其趣，也更加成熟。

林　岗：中华思想的格局本来就是和而不同。既是"不同"，说明你我有别；既是"和"，说明不妨共处。不像一神教那样"清一色"，可以"纲举目张"，所有分支观念都可以归到神这个"纲"身上，凡归不到"纲"里面的思想都是异端，没有地位。在中华思想的格局里，多义、矛盾的思想，都是各自有其地位的。作者接纳了来源不同的思想，自然就形成了小说叙事的多义性和自相矛盾的特性。另外，中国那几本古典小说都有一个流传史，作者是复数而不是单数的。人各不同，你喜欢这样，我偏喜欢那样，如是集成在一个故事系统里，难免驳杂丛生。还有，这也跟中国文人生涯的际遇不定有关。出仕的时候，意气风发；坎坷不遇之际，愤懑满怀。他们的价值观就难免一时向东，一时向西。以《西游记》为例，读到大闹天宫之时，我们以为作者很有造反精神，反得神清气爽，得意扬扬。怎料他笔锋一转，又写孙悟空归顺天意，护佑唐僧一路向西。孙悟空蒙受冤屈之多，备受误解之深，几乎毫无怨言，连被逐解甲返回花果山享"天伦之乐"之际，也只听猪八戒几句劝言，就毅然再度出山。故事写到最后，你以为正义事业终于要成功之际，作者还不忘开了个无比聪明的玩笑：一行人到得灵山，看到了金光闪闪的真经，待要去取，阿难迦叶劈头一问："有些甚么人事送我们？"可见，西天极乐世界也不干净。还有，千辛万苦，真经取回来了，打开一看，却是无字。这简直和取经的庄严事业开了个天大的玩笑。

刘斯奋：你不看到最后是想不到这样一个结局的。

林　岗：这就叫作文人的"狡狯"，到最后他也要搞一下，令你摸不透他的心思。是吧？

刘斯奋：不过，儒佛道三派虽然合流，但同时还存在竞争。这也体现在小说创作中。例如，《西游记》贬损道士，《封神演义》则扬道抑佛。

林　岗：儒佛道在中国两千多年，一边互有"偷师"，你向我学习，我向你学习；一边互不服气，有机会就小"踩"一下，毕竟三教之间是有竞争的。这就是和而不同的历史面貌。很多传统小说的价值观都应作如是观：它们包含了自相矛盾的观念、思想和价值观。《西游记》是如此，《水浒传》未尝不是这样。我们今日的文学概论教导说，作品都有一个主题思想。这种认识应用到古代文学，照葫芦画瓢，发现几乎行不通。古代小说的主题思想其实是不一致、不统一，甚至自相矛盾的。明白《西游记》既大闹天宫，又收"心猿意马"。揭示这两种思想观念的自相矛盾性质，才算是"读进"了传统小说的深处。回顾过去很多关于传统小说主题的争论，都是因为不明白传统小说的思想观念本来就是矛盾的，小说的主题根本上就是分裂的，彼此两可的。其实没有办法通过归纳总结将它置于一个统一的"主题"之内。

刘斯奋：中国古典的白话小说起初来源于民间，后来文人参加进来，便开始出现雅化的修饰。尤其是为了提高"文化品位"，加入了许多诗词歌赋之类。这也是不同于外国小说的一个特色。

林　岗：的确，文人加入话本、章回等产生自民间口头说唱的小说，也引起大变化。他们提高了小说的修辞品质，连表达形式也有变化。明清之际的评点家如金圣叹，并非对着文本字里行间就那样批点，而是按着自己的意思，手抹笔改，删削整理。今传《水浒传》有两个版本，容与堂一百回本与贯华堂八十回本。前者公认朴素而接近祖本，贯华堂本则经金圣叹删削修改。把两者一比较，我们就知道金圣叹做了多少手脚。大处的改动有：他将第一回改为楔子，文字添油加醋更不少；将诸路好汉会师忠义堂的情节结于卢俊义南柯一梦，统统杀头，其余招安征方腊等情节全部删去。小处的文字修改则不计其数。金圣叹将自己的删削修改本托称贯华堂"古本"，说其余都是伪本。所谓贯华堂其实就是金圣叹的书斋。古代并无著作权，流传本都不知经过多少手。金氏的"作伪"正得其时。由于他文学眼光高人一等，以致贯华堂本一出，风行明清而诸本皆杀。

刘斯奋：他把情节结于卢俊义南柯一梦，一百零八人统统杀头。这在政治上体现了统治阶级的意志，无疑会受到称许肯定。原先的后二十回，专写一百零八好汉投降后为虎作伥，则与平民百姓的心理倾向背道而驰。而金圣叹明知砍掉一百零八人的头也无人可惜，但如此一来，一百零八人的名节反而得以保全。这正是金圣叹的狡狯之处。

林　岗：再说文人介入说唱文本引起的变化。我觉得明清文人的介入对长篇章回体结构模式的形成起了决定性的作用。口头说唱形式，因为听众有先来后到，不能冷待先到者，又不能让后到者摸不着头脑，于是在讲主干故事之前都会有一段与主干故事无关的楔子，既防冷场，又起热身作用。这与出自口头抒情短章民歌的"兴"的手法近似，单起引出所言之辞作用。文人在此基础上，改造了楔子，使楔子、前回或前数回成为预告主干故事的部分，与主干故事虽然脱节，但奠定叙事气氛，在作品中成为结构主要素。作品如同一栋房子，楔子或前回就是房子的正梁。古代长篇章回体全都是读前知后，毫无悬念。叙事者的口吻、对笔下人物的态度、故事的大致结局，全都可以在前文楔子的内容中找到。即使不知细节，情节的大概总是明摆着的。这个结构原理与西方小说大相径庭，章回小说几乎没有读来过瘾的。因为过瘾即是要令读者拿起书放不下，这就需要叙事有悬念，切忌早早让读者知道结尾。章回作者似乎没有这个担心，其叙事如同审案，法官还未开口问话，犯案者早早承认"罪行"，主动坦白了。所以有人认为长篇章回缺乏结构，是个很大的弱点。其实不是没有结构，是章回的结构原理与西方小说不同。预告加上主干情节的自然节奏开展和一个虚无的结局，就是章回体一律的结构模式。求古代章回的精彩处，常常不能从整体中得到，尤其读罢全文难以产生精密宏伟之叹，但却能从某段故事中产生余音绕梁之感。这有点儿像传奇戏曲，精彩处只是那几个折子段落。《儒林外史》精彩处是"范进中举"。即便被誉为下笔有神的《红楼梦》，好读的也就是"刘姥姥进荣国府""晴雯撕扇""凤姐毒设相思局"等此类情节，总之在小处不在大处。或许因为古代人多从事农耕，望天打卦，人按其自然节奏生老病死，故能欣赏此种没有悬念、依照自然节奏叙事的文学，而我们今天更多地被现代社会塑造，难以赏其佳妙之处，反而认为是弱点。审美也存在变迁，这是其中一个表现吧。

刘斯奋：这个楔子其实也与戏曲类似，或者是从戏曲取法的。明清戏曲的惯例，是在上场小曲之后，必定安排一首"家门"，将全剧的情节做一个简要的介绍，好让观众预先心里有数。之所以这样处理，我估计是因为无论小说还是戏曲，都属于通俗的文艺品种。当时的观赏者绝大多数文化水平都不高，甚至还是文盲。事先不将故事情节交代清楚，恐怕他们看不懂。

林　岗：文人加入进来，删削民间话本，有助于形成主干故事叙述的模式：由聚开始，以散告终。不论怎样复杂的人生，不论怎样复杂的故事，两个字可以概括，曰聚散。聚散之间，铺垫以沧桑无常。楔子或前回先述大意，主干情节再讲故事。故事讲述遵循先聚后散的原理。由于初聚后散，所以中国长篇章回有个特点，不用看后面的四分之一，就算看也没什么意思了。因为"聚"过了之后一定是"散"。托尔斯泰《安娜·卡列尼娜》的开头第一句，"幸福的家庭都是相似的，不幸的家庭各有各的不幸"。幸福的故事因为都相似，就没的可写了。就像童话结尾，公主找到王子过上幸福生活就可以结束了。既然过上了幸福生活，又有什么好写的呢？作家能写的只有"各有各的不幸"。这个道理用到章回小说——"散"的故事都是相似的，只有各有各的"聚"。"散"就是食尽鸟投林、大地真干净，其极致是死。不说千篇一律没什么好写，纵然有生花妙笔，还是不要在这上面用力为妙。明了这个道理就可知章回小说后三分之一或四分之一是没有必要看的。金圣叹腰斩水浒，其实有他的道理。主干故事既然是聚散，那就各自展开其聚散。三国的聚以桃园结义开始；水浒的聚是好汉先各自上各自的小山寨，然后由宋江聚成梁山水泊大山寨；西游的聚是大闹天宫过后唐僧一个一个聚拢门徒，然后西天取经；金瓶梅的聚是西门大官人一房一房妻妾地娶，妻妾齐聚然后精绝人亡。这明代小说"四大奇书"主干故事的情节肌理竟然如此相似，除了从文人的人生观、历史观寻其根源外，别无他途。民间说唱艺人没有那么浓重的沧桑感，他们只求故事的传奇性。清末说书艺人王少堂说武松打虎，传闻说了三天，打虎的第三拳还在半空，未落到大虫的头上。说书的绘形绘声，远远胜过笔写聚散的沧桑。《红楼梦》所以受文人赏识追捧，在于它堪称文人沧桑感的极致写照。不仅主干故事情节按照聚散原理叙述，连主角的品格教养皆披上塑造此种沧桑感的人的人生观、历史观的色彩。宝玉喜聚不喜散，由聚而悟散,由色悟空;黛玉喜散不喜聚,求仁得仁,求散得散,"质本洁来还洁去"。然而假如你有更广阔的欣赏眼光,《红楼梦》亦不过人类文学诸精品之一吧。

刘斯奋: 始聚终散,也如同中国传统的大团圆结局一样,一旦成为叙事定式,就对作者形成桎梏,束缚了他们的想象力和创新精神。这是否就是造成四大小说都有点儿虎头蛇尾的原因?例如《水浒传》第八十回以后,到了征方腊的部分就不好看了;《三国演义》呢,写到诸葛亮死了之后,也不好看了;《西游记》到了后来,为了凑够九九八十一难,也变得敷衍雷同。而《红楼梦》因为其实未完成,故无从判断。

林 岗: 长篇章回都是虎头蛇尾的。从艺术角度来看,金圣叹腰斩《水浒》是有道理的。他不仅腰斩过《水浒》,还腰斩过《西厢》。他认为《西厢》的第五本是蛇足,便找个理由删掉了。后人出于一窥全豹的希望,对金圣叹的做法有讥评。看来,长篇故事在适当时候结束,也很考验作者的智慧和胆魄的。古代章回小说有两种主干故事叙述方式——聚散模式和线性串联模式,都不太成功。

后者以《儒林外史》为代表，一个串联人物，将一个一个不相干的故事串联起来。这一串故事理论上可以无穷，但最后不了了之。两种故事叙述模式的弱点可以归结为：聚散模式虎头蛇尾，线性串联模式不了了之。

刘斯奋：这是因为他们拘泥于故事必须有头有尾的所谓"完整"性，不敢在将要表达的主题和最精彩的部分完成后就断然停笔，而是勉为其难地写下去，结果是每况愈下，最终草草收场。

林　岗：希腊人的史诗就懂得从故事中间写起，比如《奥德赛》，故事的开始已经是奥德赛走在回家的路上了。然后再回过头来交代他回家的原因——特洛伊战争。这种回过头来讲的方法就是倒叙。这是特别奇怪的一件事儿。史诗叙述一般叙述时间与事件时间是一致的，《奥德赛》是从行吟诗人说唱时代就倒叙的呢，还是整理者别出心裁将顺叙删削改编成倒叙？这个疑问一时无解。它的结构太出格了，与我们对史诗的常识太不一样。无论如何，长篇故事要讲得紧凑，叙述章法有变化起伏，还是需要有缜密思维习惯的。虽说文学是形象思维，但也离不了逻辑条理性。单就中国古代长篇章回叙事而论，确实在这方面显出了弱势。作家都生活在浑然不觉的叙事传统里，它由无数前人的现成惯例组成，作家很难依靠自身的力量突破这些惯例。"五四"之后中国文学之所以有很大改观，是因为外国文学大量输入进来，有助于创作者突破现成叙事传统的制约。于是长篇的结构和叙事都有很大进步，作者的缜密程度也明显增强了。可见，像你说的，还是与文明的基础——农耕抑或工业有关联。

十一、谈守正创新

刘斯奋：现在谈谈守正创新的问题。这个问题目前已经被郑重地提了出来。之所以如此，我觉得是因为这同中华民族复兴的总体要求是相一致的。国为民族复兴，而不是民族复古。一方面，当然要继承几千年优良传统，但另一方面，更重要的还是要追随时代的步伐，继续向前发展。而"创新"，则是推动发展的动力。现在需要讨论清楚的是：什么是"正"，如何守正？什么是"新"，如何创新？

林　岗：守正创新是在中华民族复兴已成不可阻挡之势的基础上被提上议程的。中华民族在近现代遭遇求生求存的空前危机，中国共产党带领人民经过28年浴血奋战，建立了新中国，赢得了民族独立，又经过新中国成立以来，特别是改革开放以来40多年的建设，让一个强盛而自信的中国崛起在世界面前。这种当代情景的巨大改变向我们提出了应该如何看待自身文化传统的新课题。

刘斯奋： 是的，光就文化自信来谈，如果深入展开，所谓"正"，我认为就是中华民族几千年延续下来的优良文化传统。总括起来大约有这么七大点：

1. 宇宙观的"变易"认知。认为天地万物无不处于变动不居之中。

2. 世界观的"中道"追求。认为对人类来说，最理想的生存状态是维持一种相对的平衡，不偏不倚、不过不激，各安其位，各得其所。因此面对变动不居的世界，如何寻找并恢复到相对的平衡，就成为一种被不断追求的目标。

3. 价值观的"尚用"原则。判断事物的价值，归根结底在于是否有关人类的生存与繁殖。有关则有用，则重要；无关则无用，则不重要。

4．人生观的"乐生"信仰。十分看重现世生存，对死亡厌恶和排斥。

5．社会观的"尚和"精神。认为唯有和谐才能减少矛盾，减少冲突，社会才能保持相对的平衡，才有利于人类的生存。

6．方法论的"尚简"取向。主张"大道至简"。

7．治国理政观的"民本"思想。强调"民为邦本"。

这样一个传统，是中华民族在漫长的历史岁月中，向大自然、向人类社会争取生存与繁殖的权利，进行不屈不挠的斗争，从中提炼出来的智慧结晶。它支撑着我们的民族历经无数艰难曲折，依旧生生不息。因此直到今天，它无疑仍旧是我们应当坚守的"正道"。

林　岗：您对优秀传统文化的概括归纳很有意义。传统不是已经固化的过去，而是"现存的过去"。一面是已经过去，另一面是活在当下。优秀文化传统的弘扬就是要将那些活在当下而源远流长的精华部分光大显扬出来，从而建立对自身文化传统的自信心。您所提炼的七个方面，切合今天的实要，是中华传统文化的精华。

刘斯奋：当然，也要看到，这个传统，是中国还处于农业文明的时代，在以血缘为基础的宗法制度上建立起来的。到了工业文明在西方狂风巨浪般兴起的近代，由于已经变得暮气沉沉的宗法制度和举步维艰的小农经济生产方式无法应对"三千年未有之大变局"，终于使古老的中国坠入亡国灭种危机的苦难深渊。鸦片战争以后，一批先知先觉的民族精英，开始前赴后继地寻找之所以如此的原因。最后，他们把痛苦的目光集中到中国的古老的文化传统上。这本来也并不完全错。但是当他们以决绝的姿态，断然对传统文化举起批判的匕首投枪时，却难免过于冲动——不分青红皂白，一概推倒。后来发生的"文化大革命"，使传统文化又再遭浩劫。直到终于迎来拨乱反正，才扭转局面。现在以习近平同志为核心的党中央郑重提出文化自信，守正创新也更加有了理直气壮的依据。

林　岗：由"五四"迄今一个多世纪，我们经历了对传统文化态度的巨大转变。"五四"新思潮固然植根于中国历史传统的深处，并不是天外飞来之物，但新思潮对自身文化传统采取了激烈的批判态度。它与传统的关系就成了虽然承接传统但却逆向传统，可以用"逆接"来描述此种对传统文化的态度。"逆接"传统是那个时代国际国内"大气候"的产物，有它历史的合理性。既然是一定历史环境的产物，它所表现的对传统的"逆接"姿态在今天也应该改弦易辙，将与传统文化的关系由"逆接"转变为"顺接"。这是思想文化领域比之以往任何时候都更为迫切的任务。只有"顺接"传统，才能得所守之正。

刘斯奋：首先，我觉得，"守正"固然绝不等于全盘复古，不过鉴于自鸦片战争以来的一个多世纪对传统的批判愈演愈烈，我们的文化已经出现了巨大的断层，当务之急是需要对传统重新认识、评判，使民众重新树立起对自身文化的坚定信心。其实文化断层的情况，中国历史上也曾出现过。譬如，在元朝的统治期间，传统文化即使不是受到有意识的打压摧残，也是被极大地边缘化。当时的民众分为十等，所谓"九儒十丐"，儒生的社会地位跌落到仅高于乞丐。还有盛行于两宋的曲子词，连音乐带唱法，竟然完全失传湮灭，从此变成单纯的案头文学。这些都是显证。因此重振大汉衣冠和中华文化传统，就成了明朝立国后很重要的课题。但经过90年的边缘化之后，文化耆旧凋零，精通传统文化的人才也凋零几尽，只剩下一批居于底层的私塾先生。振兴的重责最初就落在他们肩上，他们的水平可想而知，因此当时的风气都是以复古、摹古为能事。包括打出 "文必秦汉、诗必盛唐"旗号的"前后七子"也是如此。因此明代中叶以前的诗文大多都是假古董，在文学史上的地位并不高。当然，这也是复兴过程中必然要经历的阶段。经过多年的努力之后，文化渐渐也就重新恢复过来，成熟繁荣起来。当今中国社会与元末明初当然绝不相同，但由于"文革"十年造成的后遗症，整个社会对传统文化的理解也是肤浅的。目前很多人又是穿汉服，又是行汉礼，又是大办国学讲座。虽然看起来只是一哄而起的赶时髦，其间甚至鱼龙混杂，但应当说，这同样是必须经历的阶段，这些活动的积累，会在社会上营造一种氛围、一种态势，促使大家重视传统文化。经过这一阶段之后，到了下一阶段，比如大量传统文化进入中小学教育之后，接下来一代青少年对传统文化的理解和把握就会深切得多，他们之中必然会涌现出具有真正创造力而不仅仅是懂得复古的人才。我觉得应该这样来看这个问题，你觉得是不是这样呢？

林　岗：如今提出文化的守正创新，恰合时宜，十分必要。经历过"不正"，才领悟到"正"的真正价值，需要守住传统。同时守住也不是为守而守，守是为了能出新，符合时代社会的需要。前面您所讲的，以明代复古为例，明代初期承异族统治之后，很自然会有恢复中原正脉的主张。到晚清同盟会阶段，致力推翻清朝时，同盟会内也弥漫着复古的气氛。同盟会的意识形态其实就是复古主义的意识形态。章太炎最有这方面的文化自觉。同盟会的政治纲领"驱除鞑虏，恢复中华"这八字都是从朱元璋讨元檄文"驱除胡虏，恢复中华"化用来的。同盟会成员创立南社，写古诗，发思古之幽情，深觉恢复中原衣冠为时代革命急需。这些都是他们那个时代要守的"正"，那个时代的文化复兴。相对来讲，历史上的文化复兴比较简单些，只要复兴儒学加上大汉主义就行了。

刘斯奋：复古就行。

林　岗：是的。历史上的文化复兴用"中原衣冠"四字基本上可以说尽，但今天讲文化复兴，含义更加广阔深刻。一方面，不单是汉族，而是包括少数民族在内的中华民族在现代经历了更深度的相互融合过程；另一方面，外来思想文化持续不断与传统思想文化融合。这个浩荡的历史过程处于现在进行时，我们需要守的"正"就不如历史上那样单纯，甚至很难一言就说清楚。历史上的文化复兴，大汉加儒学就八九不离十，但今天不行。两宋元明以来，西北、东北少数民族加速融入中华大家庭，形成了民族生活"多元一体"的局面，少数民族的文化也成了今天中华文化的一部分。所以今天说的中华文化传统的复兴，它的含义远远超过了历史上"中原衣冠"的含义。

刘斯奋：这当然是不同的。

林　岗：今天讲传统文化的守正创新还得面对文化环境的新变化。传统文化在过去一个多世纪的历程里，不仅遭遇矫枉过正，遭遇质疑和过度批判，而且它本身来到了一个与其他异质文化大规模碰撞和融合的时代，迫切需要日日新、又日新，需要在与异质文化的对话中寻找未来的道路。目前有一些人视传统文化复兴为新"蛋糕"，一哄而起分"蛋糕"，造成鱼龙混杂、泥沙俱下的局面，把传统文化复兴简单地当作旧物再兴，仿佛古时衣冠可以现于今世。一说提倡古文，就让子弟背诵《三字经》《弟子规》；一说提倡国学，就长衫马褂，前呼后拥。我曾经参加过一个教育研讨会，主题是推广读经。主讲者想推广的读经，不是学有余力再读经的那种读经，而是只需读经不读其他的读经。像这样在现代世界面前将传统文化凝固化是不能传承传统的，传承的只是传统的躯壳。这不是我们时代需要的传统文化的守正，更没有创新。传统文化固然是我们文化的源头和根基，但也需要敞开怀抱接纳八方新质、异质的其他文化元素，在多元的格局中发展自身。就像今日诗坛，既有旧诗，也有新诗。新诗的不成熟，有目共睹。两者各行其是好呢，还是和衷共济好？我认为是后者，比如，写新诗的人，多向旧诗学习；写惯旧诗的作者，不妨写写新诗。天长日久，说不定就试出了新诗成熟的路子。所以不同时代传统文化复兴的含义实际上是有差异的。

刘斯奋：明清两朝其实是农业文明高峰已过，开始走下坡路的朝代。具体表现就是小农经济的生产方式与不断膨胀的人口之间的矛盾日益尖锐。而曾经与小农经济相适应的宗法制度，在运行了两三千年之后，也越来越失去活力。落后的生产关系必须彻底打破才能使生产力获得解放，实现飞跃。但无论是明朝还是清朝，固守宗法思维的统治集团，始终没有勇气也没有办法解决这个问题，只能推行开源节流式的所谓"变法"，结果均以失败告终。接踵而来的便是大规模战乱和严重饥荒的爆发，由"暴力之手"来迫使人口大幅度下降，社会得以暂时恢复脆弱的平衡。不过到了工业文明崛起于西方时，建立在宗法传统之上的中国社会便完全无法应对，最终一败涂地。

其实回过头去看，早在两宋的时候，随着商品经济和海外贸易的迅速发展，中国科技发明接连出现突破，甚至诞生了沈括这样思想超前世界数百年的通才式科学家。同时城市管理空前开放，无业游民大量涌现，上层社会享乐风气盛行，加上来自北方辽、金两国的沉重压力等，都深度动摇着宗法制度的根基。在统治思想方面的表现就是，朴素简明的先秦儒家学说在经历汉唐两次"换装"之后，至此已经不足以应对来势汹汹的新冲击。于是各种政治主张和思想学派纷纷兴起，甚至因观点歧异演变为激烈的党争，实质上都是在谋求应变之道。南宋君臣如果不是突发狂想串联蒙古来灭金，而是照此趋势发展下去，那么在世界范围内，率先迎来工业革命式的突破也未可知。结果它在联蒙灭金的过程中把自己也灭了。

林　岗：南宋联蒙灭金是战略级的大失败。经历了秦汉晋唐，处理同周边民族关系的经验教训总结得差不多了，也十分成熟了，很奇怪南宋为什么没有士大夫出来点醒朝廷不能出此下策。

刘斯奋：这恐怕是因为对南宋君臣来说，二帝蒙尘的靖康之耻过于刻骨铭心，加上称臣纳贡的屈辱地位又绝不好受，所以一旦出现可能报仇雪恨的机会，谁也不敢有半个"不"字。而最终导致的结果，却是南宋的发展趋势因此戛然而止。到了明朝，宗法势力就乘大力复古之机，实行全面回潮。明太祖在空前地强化君权的同时，大力建立和严格实施各种宗法律令，又将鼓吹"存天理，灭人欲"，尤其是对妇女实行彻底的剥夺和压迫，以及贬斥科技发明为"奇技淫巧"的程朱一派理学，奉为官方的权威理论，更结合科举考试推行禁锢思想的"八股文"。宗法制度也因此重新得到巩固，甚至空前强化。一直到了明朝末年，江南一带的商品经济迅速发展，催生出资本主义萌芽，市民意识觉醒抬头，强调主观意识作用的心学，经历了王艮、李贽等人的演绎和改造，逐步偏离了王阳明的初衷而大行其道，追求个性自由成为士大夫的一时风尚，才再度动摇了宗法制度的根基。你看秦淮河那些名士的言行，宗法规范其实已经若存若亡。典型的例子是罢官居家的文坛领袖钱谦益，公然用八人抬大轿娶个妓女回家，还让家人称她为太太，而不是姨娘，这是对宗法制度明目张胆的蔑视，但也没受到舆论的一致谴责。

林　岗：是不是钱谦益在当地的势力太大，可以为所欲为？

刘斯奋：也不全是，当时江南的风气就是那样，起码新旧观念各有市场。但接着明朝灭亡，又打断了这一进程。清朝建立，虽然西方已经发生工业革命，但正在努力融入中原农耕文明的满洲统治者，不可能有魄力跟上世界文明的脚步。为了巩固其统治，他们一方面实行"清承明制"，并再度捧出程朱理学和八股取士，重新强化宗法制度。又通过大搞文字狱，催生出一个乾嘉学派，让知识阶层纷纷钻进故纸堆中，乐此不疲，失去了求新思变、经世致用的锐气。这前后500多年的曲折反复，使中华民族一再错失向工业文明转进的历史机遇，最终落得濒临亡国灭种的悲惨境地，直到现在，我们才得以彻底翻身。明清两朝是宗法制度的两次大回潮，过去好像没有人指出这一点，但我认为就是这么一回事。事实上，建立在血缘关系之上的宗法制度，以及与之相适应的小农经济，是中国古代社会的基础和核心。所谓"成也萧何，败也萧何"，无论是治史、治学还是治文，都应当始终抓住这个主要矛盾，才能彻底厘清几千年间兴亡演变的许多问题。

林　岗：您认为明清两朝是宗法制度大回潮的时期，很有意思。对古代社会来说，它的制度和它的文化是一体两面的。宗法制度的回潮其实也可以看作传统文化的复兴，不过一个是制度层面，一个是文化精神层面而已。清朝入关，初期在士大夫眼里是异族。但清朝鼓励汉化，提倡儒学，确实深得中原士大夫的认同。不过由于文明演变过程太长时间没有注入新因素，只能重复历史上已经有过的复古开新。做法是古人已经操作过的，如明中期唐宋派的复古，实际效果远不如中唐时代——虽然复古，但开不出新来，成了您说的回潮。明清时代士大夫能守的"正"，就是宗法制度和儒家文化再加上一点儿释、道。虽守正而不能开新，也是受时代环境所限。马克思观察历史时也谈到，有时候使死人复生是为了赞美新的斗争，但有时披上古人衣冠却只能沐猴而冠。

刘斯奋：我觉得今天来谈继承传统文化，其背景与明清两代已经截然不同。因为面对近代以来西方列强的亡我野心，中华民族这一次没有故步自封，束手待毙。而是断然弃旧图新，勇于向先进文明学习，并在以马克思主义为指导的中国共产党的领导下，经过艰苦卓绝的斗争，彻底打破了宗法制度的枷锁，特别是将广大妇女从被压榨、被剥夺的地位中解放出来，并通过拨乱反正和改革开放，开创了建设有中国特色社会主义的崭新局面，并向实现民族全面复兴的目标高歌猛进。今天的中国，宗法制度的残余影响纵然在不同地区、不同程度上仍旧存在，但是已经不再有全面回潮的可能。

林　岗：今天看待宗法问题，应该将宗与法分开，存宗而去法。尊祖敬宗是宗族生活形态里的血缘感情，它在当代生活中起到的正面作用远大于其负面作用。但是宗而成法就有强迫性、压迫性，把生活形态里的血缘升级为权威规范，成为束缚宗族成员的绳索，违背现代法治精神，当然需要反对。尊祖有助培养血缘感情，并无问题；强而为法就狐假虎威，必须反对。

刘斯奋：宗法分开的提法很好！宗是血缘之宗，法是现代法治。血缘的观念作为中国人的精神根基，必定还会长久存在下去。孝道作为传统美德，也应该大力弘扬。现在我们面临的挑战是：既然不应该，也不能像明清两代那样通过全盘复古来继承传统，那就只能通过"开新"来使传统获得源源不绝的活力，推动其向前发展。这应该也是守正创新的历史要求。

林　岗：文化史上有些经验还是可以参考的。最能以复古为开新的思想文化运动就数中唐的文化运动了。穿上古人的衣冠，演出生气勃勃的文化大戏。中唐的文化新变不仅具有文学的意义，更具有思想文化的意义，单从古文角度来认识似乎不足够。秦汉以来都是韵散各行其是，散体并无待于大力张扬。如单看韩愈对古文的提倡，充其量也只有纠偏救弊的功绩，即纠正六朝骈文绮丽之偏，救当时文坛流行之弊。如果仅此，那所开的新，也不至于有那么厚重的内涵。实际上他在宣扬古文的同时，一面提出儒家道统，由此道统而上溯孔孟周公；另一面又辟佛，使寺庙烟熏不至于遮天蔽日。韩愈的言论看似剑走偏锋，实则非常符合中唐社会的需要。道统论与古文相得益彰，所以能响应后世深远。韩愈有勇气在复古的时候讲出所要守的"正"是什么，讲清圣贤的"正流"是什么，让后世士大夫知所守。没有韩愈的道统论，难以想象有宋儒的新儒学。韩愈辟佛并非全盘反对佛教，他只是反对当时对佛教的过度尊崇。而当时思想文化的实际局面还是儒释道并行不悖。三家有主有次，有正有偏，但不能垄断，需要兼容并包。

刘斯奋：时至今日，所谓兼容并包，应该是儒、道、佛、西四学融通，把近代西风东渐所注入的文明血液也融合进来。这种包容的气度其实根源于中国文化的"尚用"传统，是西方排他的宗教文化所不具备的。

林　岗：韩愈提出道统论，又辟佛，这看似偏颇，不够兼容并包，但韩愈的做法符合当时的时代需要。宪宗元和年间（806—820），社会对佛教的尊崇已经超过儒家，又因出家人太多，已经引起赋税不足、田乏人耕等严重问题，所以辟佛是必要的。其实，每一种思想观念体系都潜在地期待超过他派的尊崇地位，并且谋求这种地位。兼容并包的局面得以维持不是因为儒释道互有容忍的美德，而是社会对儒释道各有需求，对每一种都离开不了。这三家相互有矛盾，相互制约，所以最终形成了兼容的局面。

刘斯奋：今天可以辟什么呢？

林　岗：西方那些末流之学是一定要辟的。所谓末流之学，就是那些挟持"政治正确"的西方后现代之学。西方启蒙运动时期产生的思想，固然有不合国情的东西，但它们是社会在有生气的上升时期产生的，多是在理之言，可供我们吸收借鉴。二战之后，西方兴起反启蒙的思想文化潮流，这些东西大部分都属于末流之学。西方启蒙意识形态瓦解之后，末流之学中的理性因素日渐减少，所谓"政治正确"的激进观念、民粹主义、极端观念日渐流行，文化呈树倒猢狲散之势。他们的有识之士已经意识到文化崩塌的危机已来临，就看是否来得及吸取教训了。

至于我们，"五四运动"到现在过了100多年，新中国成立到现在也已经70多年，正反两面的经验教训都有了。我觉得到目前这个节点，方向已经明确，道路已经开通。改革开放之前，文化上的一些做法，有成功的经验，也有惨痛的教训；改革开放之后也有很成功的东西，但并非没有教训。这两段时期，即前30年和后30年，累积下来各有"营养"又同时各有不足。像人生一般既有儒又有道，不是儒否定道，也不是道否定儒，因应的途径取决于具体情况下的抉择、应对。

刘斯奋：这是一定的。其实，目前世界正进入一个科学技术高速发展的时期，第一生产力的变革会催生出怎样巨大的社会变化，是难以预测的。好吧，守正我们已经谈了不少，不妨转到创新。设想一下，为了推动和迎接文化下一个阶段的发展及其高潮的到来，该如何创新？我觉得，理论、道路、制度、文化四大课题，相互既有联系，又有各自的特点和发展规律，不应简单地混为一谈。创新是总体要求。不过就文化艺术而言，它更主要是属于人类的精神创造。而精神创造与物质生产是不同的，并不是越新就必定越好。物质生产中，总是新事物取代旧事物，例如有了空调，芭蕉扇就被淘汰；有了汽车就不用马车、牛车；新的被发明出来，旧的就要进博物馆。但精神创造不是这样。直到今天，《诗经》依然是《诗经》，《楚辞》依然是《楚辞》，"床前明月光"依然是"床前明月光"，因为它们是独一无二、不可复制的精神结晶，因此永远常读常新，并不因为后来作品的出现而丧失其光芒和价值。

林　岗：创新是个复杂问题。不论前人做得怎样好，怎样成功，后来者也无法躺在前人的成功上自动取得成绩。文学艺术天生注定要创新，不然怎么叫它创作呢？文艺史上，我们可以分辨出两种创新：一是同一文艺传统之内的创新；二是融入前人创作的有益元素而实现自己的创新。前者如词，词一直以婉约为正宗，但苏轼、辛弃疾反婉约之道，以豪放为词。豪放词就是他们的创新。男儿志本来只写在诗里，词只写燕尔缠绵。豪放词一出现，在词的传统之内别开一枝。又如章回小说写人物，向来性格单纯，好就是好，坏就是坏，从头到尾没有变化。但到《红楼梦》出来，人物性格复杂了，好中有坏，坏中有好，前后也有变化。所以鲁迅说曹雪芹将前人的写法打破了，这当然也是创新。但《红楼梦》依然属章回小说传统内的作品。这种创新我以为比较考验作者的功力，非艺术功力深厚者，难以做到。融入前人有益元素的创新则视前人作品如碎了的七宝楼台，取其中有益于自己的碎片、元素镶嵌在创作中，由此实现创新。古代文艺传统今人无法整体地传承下来。"五四"新文化运动后，汉语文体和表达方式都有了非常大的变化。如白话新诗流行了，章回体逐渐式微了，话剧移植过来了，民间形式也在题材、表现内容等方面与过去换了天地。这种情况下"古为今用"，更多的不是将古代整座七宝楼台搬出来，而是拆碎取其有益片段、元素，重新组装、安排在今天新的文艺形式中，创作出新品。今年立春日的北京冬奥会开幕式非常出彩，布景、音乐、舞蹈都少不了"中国风"，在一场现代仪式中成功地镶嵌了中国元素。这一种类型的创新也可用于西洋文艺，是为"洋为中用"。

刘斯奋：毫无疑问，生产力和生产关系的不断发展及社会生活的巨大变化，必然会从内容到形式都对精神创造产生深刻的影响。不过，它与物质生产的根本区别在于：不同时代、不同样式的精神创造之间，不是一种否定淘汰的关系，而是一种传承发展的关系。其价值也不能简单地用"新"与"旧"来判断。那么我们是不是可以思考，文化创新的意义是什么，又如何体现？我们要在精神创造的特有规律的前提下，再去谈创新是怎么回事。你是评论家，我是创作者，我想提一些我作为创作者的经验供你参考一下。

林　岗：好啊，这是宝贵的财富啊。

刘斯奋：说句大家公认的评价：我的小说创作也好，书画创作也好，都具有独特的个人面目，而且极少重复。这应该就算是创新了吧？但从我本人的意愿来说，我从来没有刻意去创新。因为世界上没有两片完全相同的树叶，也没有两个完全相同的艺术家。只要你将自己的天赋、学养、想法和人生经验尽情发挥出来，那就一定是新的。作者无意求新但读者自觉其新。不只是我本人有这种体会。譬如民国时期的诗人苏曼殊也是如此，虽然他写的是古体

诗，但读者觉得他的作品很新潮，充满着与众不同的鲜活
青春气息。这固然和他本人的天赋有关，但也和他感受到
的时代的气息、接受的新思想和新审美影响有关。以我写
《白门柳》为例，我用历史唯物主义的观念来审视、思考
明末清初这段历史，对当时的政治和社会现象、忠奸邪正
的判断乃至男女关系的理解，自然都会与古人不一样。而
用西方现实主义小说的方法进行创作，也自然会与古代小
说大异其趣。当然，写下这部历史文化小说时，我对中国
古典文化的积累和把握，无疑也起到了重要作用。总之，
我从来没有刻意去创新，甚至不愿称之为创新，但只要将
我的全部天赋、学养和积累充分调动起来，发挥出来，它
自然就是与众不同的新的东西。很多艺术家不明白这个道
理，总是挖空心思搞创新。但其实并不见得都新，往往都
是从别人那里"抄"来的。

林　岗：创新的问题，我很赞成您刚才说的，艺术家
其实不需要时刻告诫自己要创新。创新其实是在无形中实
现的，将自己的才华、潜能发挥出来，作品自然就是无可
替代的。有此心态，才能心平气和面对艺术创作。我觉得
对有志于艺术创作者来说，心态是一个值得重视的问题。

你汲汲于一定要创造天下所无的东西，你就变得很焦虑，一副语不惊人死不休的样子，不见得对创新有帮助。创新不是写出天下所无的作品，而是写出更有意义的作品。天下所无的，也包括垃圾——天下所无的垃圾。在某些艺术领域，比如书法、绘画、诗歌等，也可能因为其形式本身艺术含量高，创作者就特别容易产生创新焦虑，也特别容易产生创作问题。创新有浅层，有深层。作家要窥破这一点，对创作要有耐心，沉得住气，要追求深层次的创新，抵抗浅层次创新的诱惑。浅层次创新就是因为创作者太过于焦虑，扭曲了对内心、对世界的感受，反而创作不出好作品。新批评派的英国诗人艾略特也曾提过，诗人首先要在传统之中，个人才华的表现才有意义。一门心思奔创新而去，水未到而求渠成，这不是真正的创新，而是标新立异。当下创新之所以成为一个强烈的公众话题，是因为我们受到科技思想的影响。科技创新以取代旧物为目的，但文艺创新不为取代前人，而求创作者真性情和才华的自由发挥。这个差异是需要领悟的。

刘斯奋：是的，确立这个认识很重要。

林　岗：不刻意创新而新在其中，这才是创新的应有境界。如果标新立异，刻意树立所谓"个性"，其实只能得一些花拳绣腿的东西，在文化上是不能长久的。谈过创新，我们再回到守正的话题。优秀传统文化需要复兴的说法恐怕没有异议了，但怎样去复兴呢？总得有个具体的门径。比起知新，温故同样重要。

刘斯奋：是的。因为我们提倡的创新，是守正前提下的创新。这个"正"，就是我们民族文化的优良传统。只有把握住这个传统，创新才不会跑偏了方向。例如传统十分强调的"变易之道""中庸之美"，以及本节开头提到的那几点，应该都是要作为原则来坚守的。当然，这些原则在漫长的历史中各有不同的实践表现，所产生的成果也各不相同。这要求我们必须运用马克思主义的思想方法，具体鉴别，分清它们的成就与不足，精华和糟粕，给予客观的、实事求是的评价，由此建立我们清醒的、坚定的文化自信，而非一味地盲目自负。至于守正的门径，我觉得阅读古典诗词，应该是一条便捷的途径。

为什么这样说呢？因为中国历来有诗国之称。从古至今两千多年间，由于民众的喜好，加上统治者以诗取士的大力提倡，诗歌的作者之众，留下的作品数量之巨大，在全世界都是首屈一指的。这多如恒河沙数的诗词作品，就作者身份而言，上至帝王将相，下及各级官吏、文人墨客、和尚道士、市井游民，甚至青楼歌伎等各个阶层；而就内容而言，举凡政治、经济、军事、哲学、历史、地理、交通、风土人情、天灾人祸、艺术、爱情、劳动等，真是包罗万有，无所不备。就表现方式而言，记事、抒情、述志、议论都有。

特别要指出的是：这些诗歌的作者的主体属于当时的知识阶层，他们饱读诗书，古代的经典著作对他们来说是烂熟于胸。中国传统的价值观、人生观、道德观、思想方法、审美观念已经深入他们的骨髓，并随时随地渗透融化在他们的作品之中。我们通过阅读，就可以了解到当时社会的方方面面，感受到当时人们的喜怒哀乐与价值取舍。因此可以说，这些古典诗歌本身就是一部传统文化的百科全书。而且最要紧的是，对今天的读者来说，古典诗歌有别于其他古代典籍的最大特点在于，它是文学作品，是靠艺术形象的塑造和情感的抒发来进入人的心灵的。再加上它们音韵铿锵，朗朗上口，易诵易记，这对一般人来说，会远比那些硬邦邦、冷冰冰的古代哲学、经济、历史之类的著作容易读得进去，也更易于接受。有了这个基础之后，再去读其他经典古籍，也就顺畅得多了。

当然读古诗也有其难度，因为毕竟是古代的作品，且不说思想观念，光就遣词造句、语法结构而言，与今天显然存在颇大距离。譬如用词务求省俭精简，句子必须迁就平仄格律的要求等。甚至与古代的文章相比，诗词在语法方面也有自己的一套规律。如果不掌握这些规律，就会造成阅读理解的困难。这就需要以常理度之，或者查对词典。

总而言之，以我自己多年的经验和体会，从古典诗歌入手，确实是进入中国传统文化的一条捷径。

林　岗：古代一直以诗为教，故曰诗教，这是个好传统。当然，今天以诗为教与古代诗教是完全不同的。好的诗句是语言里面最精华的部分，精美的诗句是语言美的极致。由诗词而悟传统文化，确实是个方便法门。即便是最终对四书五经、诸子百家没有了兴趣，熟读了唐诗宋词对提高自己的语文修养，也有极大的好处。

刘斯奋：最后，还应该补充很重要的一点：坚持守正创新，必须强调反对"江湖气"和"匠气"。所谓"江湖气"，是指旧时代走江湖混饭吃的手段做派，想方设法用各种奇特出格的行为来吸引观众的眼球。对于艰难谋生的江湖卖艺者，不妨宽容视之，无须较真。但如果把这种伎俩公然标榜为"创新"，甚至吹上天去，那就不能接受了。因为它完全背离了中国传统审美的"正道"，对缺乏鉴别力的群众起到极其恶劣的误导作用。在过去若干年前，美术界一度成风的所谓行为艺术，就属此类东西，近期则以书法界为多见。至于"匠气"，则是指艺术家像手艺人一样，凭借老师傅教的一套现成的观念技法从事创作，技术也许磨炼得十分完熟，甚至无可挑剔，但是却陈陈相因，既无新意，更无个性。这种做法循规蹈矩，与创新的要求是背道而驰的。

附 录

从三教合流到四学融通

——对文化自信的一点思考

刘斯奋

　　人类社会的构建，是一个从散漫放任的原始状态向有组织、有规则的状态不断整合的过程。就中国而言，这一过程自周代起，进程开始加速，其重要标志是从"天祖同体"向"天祖分离"转变，从巫卜向礼法转变。而放弃商代的部族分封制，实行基于血缘关系的诸侯封建制则为其具体实践。不过，在顺应人类社会发展的历史要求、对原始状态进行整合的同时，势必要压抑和牺牲人性的生物本能追求；而在用"礼乐"进行文明的整合和规范过程中，社会的原始状态也必然被打破，甚至被摧毁。正因如此，到了周室衰微时，老子以及稍后的庄子便从相反的立场提出质疑和反对，他们弃血缘宗法之实有，而驰天地本原之玄想，主张绝圣弃智，返璞归真，清静无为。然而当其时，此派学说影响不彰。

春秋战国时期，群雄争霸，弱肉强食，礼崩乐坏，是此一过程之调整重构。秦惩其弊，乃强力整合，独用法家，终因严苛过甚，二世而亡。汉以秦为鉴，其初用黄老之术与民休息，更尝试恢复周代的诸侯封建制，结果引发七国之乱，彻悟之后仍旧沿袭郡县之设。唯民间之管理，则重新依靠各地基于血缘的宗族势力。官吏的选拔也采用乡里察举和朝廷征辟相结合的方式。至汉武帝时，因强化皇权需要，乃对先秦儒家学说加以神学化改造，实行"罢黜百家，独尊儒术"政策。

儒家承周礼而立说，其实质系以血缘关系为物质基础，以宗法观念为手段，从精神层面上对社会进行整合。这种实质并未因披上神学化的外衣而改变。独尊儒术的结果，只是使这一学说的地位得到空前提高和强化，其后虽然历经曲折，但最终仍成为中国思想的主流。儒家后学根据时势变化，也曾加以新的解释阐发，更换各种"天理"或"心学"的外衣，但其实万变不离其宗，最后仍以血缘宗法为归依。至于真正唯心的宗教主张，则从此在中国丧失至高无上之地位，而退居为民间（包括统治者个人）之自由信仰。

不过，儒家又是一种绝对精英主义的学说。它强调的是"自强不息"和"厚德载物"，主张人生的目标是"诚意、正心、修身、齐家、治国、平天下"。这种要求决定它只适宜在精英阶层中提倡，而无法在当时知识水平普遍低下甚至绝大部分为文盲的平民百姓中推行。而且即使在精英阶层中，儒家学说偏重于严格的共性要求，对人的个性发挥也未留出相应的余地。

及至东汉覆亡，中国社会陷入长达300余年的激烈动荡，儒家之独尊地位也受到强烈质疑。魏晋及其后的名士厌恶精英主义的沉重压力，追求个性的自由解放，老、庄的主张因此被发掘出来，成了他们摆脱儒学束缚的思想武器。与此同时，为填补儒学中对于彼岸世界论说的空白，宣扬因果报应的佛教也乘势勃兴。其中禅宗一支作为外来宗教，经六祖惠能加以中国式改造，趋向现世化和平民化，成为在民众中最具影响力的教派。糅合了道家学说的道教，其乐生恶死、与自然和谐共生等主张，则延续并强化了中国人重视现世生存的观念。其驱使万物、驰骋天地的奇思异想，也有助于艺术个性的张扬和科学的发现、发明。从此，中国文化形成以儒家为主导，道、佛二教为补充的局面。此后1000多年间，通过各种外延生成物的潜移默化，这些文化深深植入到中国人的精神品格之中，发挥着维持稳定和推动发展的作用，创造出领先人类社会的灿烂成果。但历时既久，也逐渐变得僵化保守。特别是当小农经济的生产方式与不断膨胀的人口之间的矛盾日益尖锐时，强固的宗法观念便成为桎梏，使生产关系无法突破，生产力也无法飞跃。宋代以后历朝的所谓"改革"，都只能进行开源节流式的小修小补，结果无一例外均告失败。接踵而来的便是大规模社会动乱，战争和饥荒使人口大幅下降，社会保持了脆弱的平衡。到了工业文明崛起于西方时，清政府便完全无法应对，最终一败涂地。

然而，以中华民族深入骨髓的现世务实本性，受到深痛巨创、痛定思痛之结果，是儒、道、佛三教并存的千年格局受到质疑，开始松动乃至瓦解。中国人从救亡图存的迫切需要出发，开始主动积极地引进"西学"这一全新事物。

作为工业文明的产物，为中国人特指的所谓"西学"包括"道"与"器"两个层面。"器"即先进的科学技术和生产工具；而"道"则是最终被共产党人选中、接受，并得以成功坚持的马克思主义。其中的历史唯物主义，与中国传统观念中的"衣食足知荣辱，仓廪实知礼节"相通；而辩证法则与中国《易经》中的变易思想相通；至于无神论的唯物主张，也与儒家"不语怪力乱神"的唯物精神相通。最后，阶级斗争理论又作为全新的思想武器，用经济地位的阶级划分，取代血缘地位的宗法划分，通过在全社会进行思想层面的反封建斗争，以及物质层面的土地改革，彻底打破了宋儒创立的、被宣布为"天理"的三纲五常、三从四德规范，为生产关系的根本性突破扫清了道路。而由此延伸的社会主义思想，则符合中国民众的终极诉求，为实现中国式的民主、自由、平等和妇女解放扫清了道路。在此基础上，通过引进、学习、创新现代科学技术和社会管理方式，生产力得到极大提高，中国终于实现了从农业文明向工业文明的飞跃。

就文化构成而言，由于近代西方这股思想血液的注入，中国文化的格局也为之一新。如果说魏晋南北朝时期三教合一是一次影响深远的整合，为唐代的盛世提供了全新的文化土壤，那么时至今日儒、道、佛、西四种学说并存而又交融互补，则是中华文化又一次划时代的脱胎换骨，内涵变得更加丰富，视野变得更加宽广，生命力焕然强健，推动着中华民族最终走出百年低谷，迎来伟大的复兴。

当今中国文化是由中华优秀传统文化、革命文化和社会主义先进文化三部分组成的，那么我们还可以做进一步思考和认识。

中华优秀传统文化，是中华民族自古以来，特别是农业文明时代以来创造的辉煌文化。以儒家思想为主导、儒道佛三家合流为代表。

革命文化，是以彻底打破宗法传统、建立新的生产关系为目的的阶级斗争文化。

社会主义先进文化，是中国共产党和中国人民在社会主义革命、建设和改革实践中形成的先进文化。随着反帝反封建这一历史性任务的完成，大规模的阶级斗争也随之结束。全党全民转向以经济建设为中心，集中精力发展和提高生产力，实现国强民富，为社会主义制度奠定坚实的精神与经济基础的目标。至此，儒、道、佛作为无法割断的文化传统，其作用也重新得到承认。

反之，在包括西方在内的世界上其他许多地区，由于宗教传统过于深厚强大，无神论的马克思主义长期受到抵制，无法落地生根。这也可说是一大异数了！

（《中国社会科学报》2020年7月30日发表）

现代中国文化的精神气质

林 岗

历经近现代一个多世纪的革命和建设，中国作为一个古老的文明已经重新焕发了生机，在过去的废墟上又矗立起崭新的大厦。在我们当代人面前，仿佛立着两个中国：历史中国和现代中国。这两个中国是不可能截然划分的，它们重合在我们的当代生活里。传统不是凝固的过去，而是现存的过去。传统一面连着古老的过往，另一面又活在当今生活的现场。但是，无论如何，历史中国毕竟不能涵盖现代中国。因为新文化运动刻下的烙印和奠定的基石已经深度地塑造了此后的中国，影响了中国的现代命运。中

国从"五四"至今100多年的沧桑巨变已经不能光在古老
的历史航道上获得解释，不管我们怎样估量古老的文化传
统、价值理念和制度惯性在这个过程中所起到的作用，一
个现代中国与古老的历史中国确实拉开了距离，同样，现
代中国文化与那个悠久的传统文化也确实拉开了距离。

于是我们就要问，现代文化的基本特征是什么？它作
为一个认知课题，也日渐被提到了当代生活的面前。要认
识现代中国文化，离不开理解新思潮运动，因为新思潮运
动是现代中国文化大厦奠基的初始工程。要是没有新思潮
奠下的基石，现代中国文化很可能是另一副面貌。因为中
国从农耕形态到现代社会转型的关键一步，是走了文化先
行的模式。它不是先有一个现代国家的雏形架构，然后由
此而起一系列文化变动，而是先有文化上的巨大改变，然
后慢慢地，文化新质逐渐参与建构现代国家的框架。熟悉
中国现代史的人应该对这一点有所感知，因此新思潮对中
国现代文化的奠基意义是深远而重大的。

中国现代文化一个非常重要的气质，就是"硬骨头"
精神，现代中国的"骨头"够硬。毛泽东曾称赞鲁迅的
"骨头"是"最硬的"，并且指出这是殖民地和半殖民地
人民最可宝贵的性格。其实这是中国现代文化一个很基本

的品格。中国是后发现代化国家，是现代化的后来者、后进者，不是首发者。后发现代化国家最容易犯的毛病就是软骨病，对先行者莫名其妙地崇拜，被先行者的实力和文化的光环所笼罩，然后就活在这个幻觉里。比如日本。古代日本的"骨头"是硬的。日本遣隋使见隋文帝时介绍日本天皇"以天为兄，以日为弟"。中国皇帝自称"天子"，"天兄"的辈分高于"天子"，隋文帝见此傲慢几不能对。后给隋炀帝的国书又称"日出处天子致书日没处天子"，古代日本的气场不输华夏天朝。明治维新之后，现代文化的设计师福泽谕吉发表了影响日本国运的千字文——《脱亚论》，认为亚洲国家国力落后，文化野蛮，日本再也不能在亚洲"穷混混"堆里讨营生，要脱亚入欧。"脱亚论"固然助推了日本的现代化，但也为日本植下灾难的种子。没有了民族的脊梁，盲目追随列强走上对外侵略的死路，被战争敲掉了"脊梁骨"，遂成欧美的"小跟班"。世界史给我们提供了很多例子，在强势文化笼罩之下的社会和文化变迁，非常容易产生"失心症"。现代中国文化值得自豪，就是因为它的精神气质里灌注着硬骨头精神。近现代中国虽然是现代化后进者，但保有民族脊梁的后进者在大争之世有朝一日必将自立于世界民族之林。

鲁迅是硬骨头精神的代表人物。陈漱渝有一本书叫《鲁迅和他的论敌》，我觉得还是沿用鲁迅自己的说法叫"怨敌"比较好。"怨敌"除是非之外，更重要的是情感和立场的截然对立。鲁迅跟"怨敌"怨怼，把私仇上升到了公义的高度。这也是他的文字至今还有意义，还激励青年，还值得读的原因。鲁迅的写作是复仇式的写作。他的怨敌可能是具体的人，也可能是抽象的，私仇里燃烧着公义的火。从根本上说，鲁迅要复的仇，既是私仇，更是公仇。最好地诠释他写作意图的小说是《铸剑》。就硬骨头精神而言，鲁迅是个代表，但也不局限于鲁迅，还包括《新青年》群体。

现代中国文化的第二种精神气质是进步气质，它与西方的进步主义仿佛相似但并非同类。新思潮给现代中国植入的进步气质更多的是弃旧图新的浪漫情感，与进化论有较大的关系，进化观念构成现代文化进步气质的底层逻辑。

我非常欣赏这种进步气质，这是现代中国文化的可爱之处，也是古代中国文化所不见的品质。当社会处于持续转型的时候，新和旧是相对的。旋新旋旧，几成常态。

如果故步自封，将事物凝固化，那由新入旧，举手之间就会发生。进步的精神气质的可贵就在于它是防止这种故步自封情况发生的良药。因为它不是固定的，而是可以召唤的。"五四"年代，白话文是进步的，文言文被视为守旧；国民革命年代，打倒列强除军阀是进步的，维护军阀统治是落后的；十月革命炮声响的年代，马克思主义是进步的，其他主义是落后的；改革开放年代，"两个凡是"是落后的，改革开放是进步的。现代文化的进步气质在历史过程中，始终扮演着为中国召唤未来的角色，为社会进步起着摧枯拉朽的作用。这种进步气质超越了具体的政治主张，正因为它不是具体政治主张，它才能像魂魄一样，在大变迁的时代召唤未来，为处于大变革历史进程的中国注入弃旧图新的强大动能。当然新思潮的进步渴求亦存在激情胜于理性的冲动，将原本丰富的历史文化传统简化为"孔家店"来打倒，矫枉过了正。正因为当年的"偏至"留下了我们今天重新阐释传统文化的必要和可能。

现代中国文化的第三种精神气质是科学理性。科学理性的文化植入过程并不始于新思潮运动，远在晚清年代就开始了。那时科学被称为格致之学，包裹在儒学之内。随着朝政衰朽，儒学不能应对现代世界的挑战，科学遂从儒学一元体系中剥离出来，科学理性逐渐成为独立的意识形态。"五四"新思潮为科学理性成为强烈的批判性话语发挥了临门一脚的作用。于是我们看到现代思想变迁中最为有趣的现象：科学原来寄生在儒学之内，最后转变为批判儒学最为有力的思想工具。陈独秀《本志罪案之答辩书》提出"赛先生"一说，理直气壮，旧思想、旧文化、旧观念由此望风披靡。新思潮运动使科学理性跃迁出具体的科学活动的圈子。它的意义不在于大众真正懂得科学，而在于使得现代人生和文化中渗透着科学理性的观念。因此从整体观察，它其实是由古至今中国文化史上又一次意义深远的世俗化。

科学理性在现代中国扮演了奥卡姆剃刀的角色。在大破的年代，光说该破的事物是旧事物是不足够的。要以理服人，那理在哪里？科学理性在这个时候就成为最好的理由。一句话，不科学，所有妖魔鬼怪都在这个照妖镜面前现了原形。

"硬骨头"精神是古代刚健奋进的民族精神的现代再造，它和古代的精神传统密切相连，但进步精神和科学理性更多地体现了新时代的精神品质。它们是中国现当代社会前进的两个轮子：一边是进步气质，一边是科学理性。双轮驱动，行稳致远。正是由于中国新思潮运动奠定的"硬骨头"精神、进步和科学理性的气质，在蜿蜒曲折的历史进程里，那些发"思古之幽情"，改头换面的土八股、洋八股教条出现的时候，人们才有了与之对冲和抗诘的思想文化资源。新思潮运动的深远影响和意义大概就在这里吧。

后　记

林　岗

　　这本不算厚的对话集产生自偶然的机缘，但在偶然机缘的背后，里面的思考当然是有一些年头了。特别是我的学长和前辈刘斯奋，他关于文化自信的思考，应该说由来已久。两年前他在《中国社会科学报》发表了一篇短文，题目是"从三教合流到四学融通"。短文有个副题，就是"关于文化自信的一点思考"。他传给我看，我读后直叹是未曾有的"高论"。更早的1995年，那时尚未有文化自信一词，他发表在《南方日报》的长文提出"朝阳文化"一说。很显然，"朝阳文化"当然是对自己民族的历史文化充满了自信心的文化。这是不言而喻的。

　　对谈的想法来自2021年7月他和我的闲谈。当时他问我"走出鸦片战争阴影"这个题目怎样？我说问题点非常好，又有现实意义。于是他提议我们两人一起育成此事。论著的形式不够通俗易懂，我们便决定不走寻常路数而采取对话体。对话的大纲大目是刘斯奋拟定的，然后按各人思路展开，尝试能否碰撞出一些思想的火花。那时疫情时起时伏，并不方便线下见面。一两次面谈之后我们就改换方式，开起了"腾讯会议"。我申请了个每周定时的会议号，约定周一下午对话。时而滔滔不绝，随兴之所至，高谈阔论；时而思拙词穷，无处下手。凡到卡顿的时候，就抽支烟，喝口茶，将息片刻再战江湖。如是者有三四个月。当中或因有事停顿，或因对话的思路走偏，需要从头再来。整理成文字稿之后，又增删修改打磨，各自都花了很多功夫，有两三遍之多。回头再看初稿，甚至是面目全非了。从纯粹的广府口语到有口语色彩的通行书面语，中间的距离其实是很大的。

　　为了方便读者了解我们前后的思路，收两篇短文作为附录。

　　感谢包莹博士为我们将粤语对话录音整理成文。她娴熟的广府话派上了用场，还在繁忙工作之余愿意助我们一臂之力，在此表示衷心的谢意。

2022年6月22日